経済政策の考え方

資本主義の限界を超えて

大矢野栄次［著］

創成社

はじめに

25年前の平成4年4月1日に久留米大学に赴任して以来、久留米市長選挙の候補者の演説原稿や衆議院議員立候補者の立会演説会の演説原稿、そして、周辺市の市会議員選挙や市長選挙の応援演説などを何度も書かされたり、演説をしたりしていた。すべて地元の経済政策にかかわる内容であり、もちろん、ボランティアであった。

ある時、久留米市内の有志の集まりに呼ばれて、昔はすぐに大臣になれるような大物政治家が筑後にはいた、しかし、最近は若手で官僚上がりや陣笠議員や賄賂・汚職まみれの議員ばかりで、この地域は芳しくない、誰か適任者を探し出して立候補させるべきであるという意見が出て、候補者の選任を任された。

久留米出身のブリヂストンの創設者石橋正二郎のお孫さんを担ぎ出そうということにした。鳩山邦夫代議士である。彼は、東京大学法学部を一番で入学して一番で卒業した戦後最高の天才であるということで有名な人物であった。当時は、兄の鳩山由紀夫氏と自民党を離れて新自由クラブを立ち上げた後、民主党の副代表になっていた。仲間たちの無能さと無責任さに気が付いて、民主党と袂を分かつという目的を持って東京都知事選挙に立候補した

(1)。

しかし、東京都知事選挙においては、石原裕次郎のプロダクションの一団である石原軍団が応援する兄の石原慎太郎に約80万票差で敗北した(2)。芸能人が応援した都知事がどの程度であったかはその後、都民がいやというほど理解することになったはずである。鳩山邦夫氏は東京都知事選挙に敗北したのち、頭を下げて自民党に戻っていた。自民党に戻る時の条件は、党内党である環境党の構築であった。

人類を取り巻く自然環境を破壊し続ける人間社会への警告を真剣に受け止めて、実際の政策に反映することが重要な課題であると鳩山邦夫代議士は信じていた。彼は、無類の蝶々の収集家でもあった。蝶々の生態を観察することによって、人類と自然環境との関係を考察するのが目的であった。台湾の阿里山や、マレーシアのサラワク州の山々、フィリピンの山々を歩き、蝶々を採集していたことは有名である。

このような経緯を背景として、東京都内の選挙区でかつての仲間の民主党の菅直人との選挙戦に敗れながら、比例区でよみがえるという政治家を演じていた鳩山邦夫代議士を訪ねて、私は九州の地元からの立候補のお願いのために上京したのである。「貴方のお母様の故郷久留米から立候補するように」と説得をするために、東京に出かけたのである。担当の秘書にお会いしていきさつを説明して鳩山邦夫代議士に会わせてくれとお願いしても、数分間会うことができたという程度の訪問が5年間に10度ほど続いた。この最中には周辺選挙区からの嫌がらせやブリヂストンからのクレームがあったが、これを一切無視して東京の衆議院会館をお訪ねしたのである。「あなたの政治家としての才能を活かすためには、小選挙区からでなければ意味がない」「比例区や小選挙区での復活を繰り返していても、大臣にはなれないはずである」という言葉が、私から鳩山邦夫代議士に提示した意見であった。この意見を聞き入れてか、私たちのやっとの思いが実現したのであった。

鳩山邦夫代議士の東京での選挙区の人々が、彼の御国替えに反対していたのであった。彼は5年かけて選挙区の人たちの反対を説得して、あるいは、押しきって、福岡第6区の代議士として来たのである。母の故郷である久留米市からの立候補には、石橋家やブリヂストンとのトラブルもあり、お母様の安子さまは反対されていたそうであった。

実は、久留米市の人々は鳩山邦夫氏を知らなかったのである。「東京からの落下傘」「ブリヂストンの指示」「金持ちの道楽政治家」と後ろ指を指された。

しかし、彼は、期待通りに法務大臣や総務大臣を歴任することになった。総務大臣になるときには、郵政民営化を阻止しようとして麻生総理大臣と一度は合意したにもかかわらず、アメリカの圧力に屈した麻生総理大臣と政治的離別を果たしたのである。死刑執行のためには、法務大臣の一個性や性格・能力よりも法制度・裁判制度を重視するべきであるという正当な発言を故意に誤解して「死に神」と罵られたりもした。また、不法入国者を取り締まるべきであるという発言の行間の足を取られて「アルカイダの友達の友達」(3)とマスコミに故意に誤解されて批判されたこともあった。

鳩山邦夫代議士は、経済政策については、官僚の意見を理解して重視する政治家であった。鳩山事務所においてお話をしていた際に、「どうしたら日本経済は良くなるのか?」と質問されたとき、私は、「かつて15兆円規模であった公共事業を、最近では6兆円規模にまでケチっているからですよ」「正しい公共事業があるのだから、これを精査して実行すれば日本経済の成長は可能である」ことを説明した。そのためには、「貴方の政治家としての先生であった田中角栄を理解するべきである」と説明したのである。

「田中角栄の列島改造論」を理解して、「高速道路網と新幹線網を構築して、裏日本を表日本に変える勢いが重要である」という政策として実現すれば「日本経済はもう一度、所得倍増計画が実現する」と説明したのである。このとき重要なことは、新幹線網とは「物流新幹線網」であり、高速道路網とは「地方の中核都市と中核都市、そして、地方の中核都市と大都市とを結ぶ高速道路網」である。中核都市の工場団地とは、全国に97あると言われている空港のうち不要な空港を工業団地として順次整備した跡地利用である。

しかし、この福岡第6区の人々の期待を受けた鳩山邦夫代議士は、2016年6月22日に突然、この世を去られた。十二指腸潰瘍で死亡したそうである。

この本は、鳩山邦夫代議士に、日本の経済の安定と成長のために説いた経済政策に関する内容について、改めて大学生のためにまとめた経済政策の入門書である。

【注】

（1）これは、本人の弁である。

（2）石原慎太郎の得票数は1、664、558票（得票率30・47％）であった。これに対して、鳩山邦夫氏は851、130票（同15・58％）であり、その差は813、428票（同15・30％）であった。これが石原軍団の東京都民に対する価値である。このときの第3位は、後に都知事になる舛添要一の836、104票であった。

（3）このときは、「アルカイダの友達はお前だったのか」と仲間に揶揄されたこともあった。

平成31年2月23日

久留米大学御井学舎研究室において

大矢野栄次

目次

第Ⅰ部　ミクロ経済学とミクロ経済政策

第Ⅰ部は，ミクロ経済学分析とミクロ経済政策である。ミクロ経済学は，市場原理の役割を説明して，市場原理を活用することによって経済は活性化すると教える分野である。しかし，日本経済の現実は，マクロ経済の停滞と非正規社員の増加に見られるように，所得格差が助長された結果であった。

このような市場原理至上主義とでも言えるような経済政策の主張を支えてきた経済学の背景にあるものが「市場原理」であり，アベノミクスの本質であった。

市場均衡は，消費者余剰と生産者余剰の総和である社会的余剰を最大化する均衡点を自動的にもたらすという理論体系である。ミクロ経済学は，実際の経済は，この均衡点に向かってワルラス経済学的な価格調整機構とマーシャル経済学的な数量調整機構を通じて自動的に収斂すると説明する。すなわち，資本主義経済は「絶対多数の絶対幸福」を「自動的に達成する」メカニズムを内包すると説明するのである。

もし，そのような理想的な市場均衡に実際の経済が到達することがないならば，それは市場原理の有効性を阻害する要因が存在するからであり，それらの要因を種々の経済政策手段によって除去することによって，経済は市場均衡に自動的に到達することが可能であると説明するのである。

しかし，外部経済性の存在や公共財の存在が，市場均衡を達成することを失敗させるとき「市場の失敗」が生じているのである。この場合は，政府の「ミクロ経済政策」によってこれを解決することが可能であるはずである。しかし，「小さな政府」の存在によって「市場原理の有効性」が保証されている場合には，その政府の役割は期待できないのである。

「市場の失敗」が存在するもとでの一般均衡点とは「セカンド・ベスト」の状態であるという意味であり，市場原理によって自動的に達成されるとした「絶対多数の絶対幸福」の状態では決してないのである。それ以上に，政府の消極的・受動的な経済への関わりあいは，実際の経済が「達成しうる均衡」から次第に乖離することを放任する可能性さえもあるのである。ここに実際の経済に政府が「積極的に関わる」ための経済政策の哲学が必要となるのである。

第1章　経済政策に必要な基礎概念
―ボトル・ネックと機会費用、埋没費用―

1　ボトル・ネック

1・1　交通渋滞の原因はボトル・ネック

交通渋滞が起こる原因の1つは、坂道にあると言われている。車列が坂道にかかると、エンジンの大きさの差異とか運転手の熟練度の相違とかが原因となって、スピードのバラつきが発生する。そうすると車の流れはスピードの遅い車速に合って、次第に交通渋滞が起こるのである。

すなわち、一番速い車は、車の集団の中で一番後ろを走っているということになる。経済学では、このような流れを妨げる要因を「ボトル・ネック」と言う。

経済政策を考える場合には、このようなボトル・ネックが生じている場所を探し出して、その対策を講じることが重要になる。

1・2　ボトル・ネック（壜の首：bottle neck）

ウィスキーの瓶の首のように細くなっている部分を、ボトル・ネックと言う。首が細くなった壜に水をいっぱいに貯めて逆さまにすると、水は下にこぼれ落ちる。しかし、壜の首が細くできていると、壜の中の水は勢い良くこぼれ落ちることができない。途中で細くなっている壜の首のところで空気が入るために、水が流れ落ちる勢いを妨げられるからである。このような、水が流暢に流れ落ちないような状態を「ボトル・ネック」（隘路《あいろ》）と言う。

われわれの日常生活において生ずるさまざまな経済問題の中の、このようなものの流れを止めるような現象を、経済学では「ボトル・ネック」の状態が生じていると説明する。たとえば、２車線の道路が１車線に狭くなる場所や、制限速度が時速60㎞から時速50㎞に低下する所では交通渋滞が発生する。これは、時間当たりの通行可能量がこの場所で減少することから生ずる「ボトル・ネック」が発生した状態なのである。

たとえば、ある製品の生産を行う際に、他の種類の部品は大量に余っているのに、１種類の部品だけが不足している場合、その部品が不足することによって、それ以上の生産量の増加が不可能になる場合がある。この場合は、その不足する１つの部品に「ボトル・ネック」が生じたと言う。

1・3　ボトル・ネックの解決方法

このような部品不足が続くと、やがてその部品の価格が上昇することによってその部品の供給量が増加し、経済問題は解決されることになる。すなわち、経済全体のボトル・ネックを解決するために、その財の稀少性や必要性を反映して価格が上昇することが説明されるのである。この場合、市場価格の上昇は、ボトル・ネックを反映した経済の熱であると言うことができる。

このような「ボトル・ネック」を実際の経済の状態において発見することによって、現実に生じている種々の経済問題の原因を把握することが可能となり、その問題箇所についての対策を考えることが可能となる。

2　機会費用

2・1　通勤・通学の問題

われわれは、日常生活を送っていく中において、常に何らかの「選択の問題」に直面していると言うことができる。たとえば、毎日、自宅から会社や学校まで通う場合には、徒歩で行くのか、自転車で行くのか、あるいはバイク通勤かという選択の問題に直面する。距離がある程度離れている場合には、バスで行くか、電車で行くか、自家用車で行くかというように、やはり選択の問題に直面しているということになる。

この「選択の問題」とは経済学的には、どの交通手段を利用したら、最も安い費用で、安全に、確実に、予定の時間内に目的地に到達することができるかという問題として考えることができる。

その問題の解答として選ばれた通勤・通学手段は、その手段を選択したことから発生する直接的に必要な費用ではなく、選ばれなかった便益との比較を行った結果であるということが説明できる。これが「機会費用」である。

2・2　機会費用

機会費用（opportunity cost）とは、時間の使用や消費の有益性、効率性にまつわる経済学上の概念である。複数ある選択肢のうち、同一期間中に最大利益を生む選択肢とそれ以外の選択肢との利益の差のこととして定義される。

機会費用

他の交通手段を選択することによって節約することができる時間を他の経済活動に振り向けることが可能であるならば、その時間分だけの経済的な損失（逸失利益）が発生することになると考えられる場合は、このような逸失利益のことを「機会費用」（opportunity cost）

と言うのである。

「機会費用」とは、ある方法を採用することによって、採用されなかった他の方法を採用したならば得られたであろう利益の最大値として定義される。

すなわち、電車で通勤することを採用することの「機会費用」は、「電車以外の方法で通勤することによって得られる利益マイナスそのために直接的に必要な費用」という純利益(Net Profit)である。電車通勤が採用されるためには、その他の方法によるネットの利益よりも、「電車で通勤することの利益マイナス電車賃等の費用」のネットの利益がより大きいことが必要であるということになる。

ボランティアの評価

ある人が地域の環境保全のためにボランティア活動を行った場合、この人は「ただ働き」をしたので、このボランティア時間は無価値であるということになるであろうか。しかし、彼の清掃活動によって町が綺麗になったのだから、この人の価値は正しく評価されるべきであるということになる。この人のボランティアについての最も簡単な評価方法は、この人がボランティアで失った時間を費用として市場価値で評価する方法である。このようにして付けられた価値を、この人のボランティアの「影の価格」(Shadow Price)という。

彼がこのボランティアを行った理由は、この「影の価格」以上の社会貢献に彼自身が満足感を見出したからであると説明することができる。

アメリカ社会においては、ボランティアはただではない。ボランティアを行う人は、自分に対してボランティアの日当分を支払うことが許されている。30年ほど前、1日300ドルの領収書を自分あてに書いていた友達がアメリカにいた。これは所得税の申告の時に減税効果を発揮するのである。

3 サンクコスト（埋没コスト）

サンクコスト（Sunk Cost：埋没コスト）とは、回収不可能な費用、「どうやっても取り返すことのできない費用」という意味である。Sunkとは沈むという意味であり、沈んでしまって取り返すことのできない費用を示している。

サンクコストの例としては、事前に購入したチケットを忘れて会場に到着してしまった場合がある。新規にチケットを買って入場するしかない。このとき、1800円のチケットを再度購入してでも1800円以上の価値があるかどうかを考えるのが、経済学的には合理的な選択である。しかし、人は「その映画にチケット2枚分の3600円分の価値があるか」という基準で考えてしまいがちである。

あるいは、レストランを経営する場合には、家賃、テーブルやイスなどの内装費用、食器や調理器具などの費用が、レストランの営業時間や営業日に関係なく必要である。土日休日に店を開いても閉めても、これらの費用は減らない。つまり、これらがサンクコストなのである。

　せっかく道具がそろっているのだから、レストランを営業すべきだという意思決定にはならない。店を開くかどうかの意思決定は、食材、人件費、冷暖房費などのサンクコスト以外の費用が重要であり、その日に見込まれる客数からの売上額でまかなえるかどうかに依存する。

　それ以外にも、季節変動があるリゾート地でのビジネスや居酒屋のランチ営業などでも、サンクコストの応用を考えることができる。

第2章　市場均衡と市場原理

市場原理は、資本主義（capitalism）経済においては、重要な役割を果たしている。社会主義経済や共産主義経済においては計画経済が基本であるから、産業間の資源配分や労働者間の所得分配等の経済的な問題は、政府・行政の命令や指令によって集中的に管理される。資源配分や所得分配は、集中的にかつ計画的に決定されるのである。企業や産業への資源は、経済全体の必要に応じて配分される。そして、あなたの所得は経済全体の評価に応じて分配される。すなわち、「能力に応じて働き、必要に応じて分配される」ことが正義なのである。

これに対して、資本主義経済においては、市場原理によって、資源は産業間・企業間で効率的に配分され、所得は労働者間で仕事の貢献度に応じて公正に分配される。

1　計画経済の実態

1985年8月、御巣鷹山で日航ジャンボ墜落事故が起きた1週間後に、私は1カ月間の予定で中国に初めて出張した。下記の話は、そのときの私の、価格の無い世界、すなわち、計画経済についての経験談である。

計画的に土管を運ぶ方法

大連市内を自動車で視察していた時、大きな土管を20本程度積んだトラックが前を走っていた。土管の上には労働者が2～3人乗っていた。大きなカーブのところで、そのトラックが傾きながら大きく右に曲がった。そのとき、土管が1本荷崩れを起こして落ちてしまったのであるが、トラックは何もなかったようにその場を走り去った。トラックの上の土管に座って談笑していた人たちも、何もなかったかのように笑っていた。

後続の車の中から見ていた私は、そばにいた通訳の中国人に聞いた。「拾わなくてよいのでしょうか?」と。そしたら、「たぶんあのトラックは土管を20本運ぶことが指示されているのでしょう。だから、前もって21本をトラックに積んでいたのですよ。だから1本落ちても問題がないのです。」と平然と答えた。

計画経済は、すべて計画通りに無事に進行するように計画されているのである。

計画的にレールを補給する方法

これも1985年の同じ大連市内での話である。鉄道のレールの横に線路が一本無造作に置いてある場所が、数キロメートルにわたってあった。「あのレールはなんに使うのですか?」と質問した。そしたら、通訳の人が、「あのレールは、レールが破損したときに取り換えるために置いてあるのです」と答えた。「だけど、真っ赤に錆びているけど大丈夫ですか?」と聞くと、「まだ使っていない新品のレールですから大丈夫です」と答える。レールは計画的に生産し、余分な分はいつでもレールの交換に対応できるように計画的に配置しているのであるという説明であった。

計画経済は、すべて計画通りに無事に進行するように生産・配置されているのである。

そういえば、中国ではマンションの部屋を購入しても内装を施さないままであれば、何年たっても新築マンションと言うらしいのである。経年劣化の問題は考慮しないという仮定があるのであろう。

最先端の旋盤工を作る計画

次は、1985年の瀋陽の工場での話である。中国国内でも最先端の旋盤を使用する工場があるというので、見学に出かけた。一番高い場所にガラスで覆われた部屋があり、スイス製の旋盤が1台置かれていた。中段には、日本製の旋盤が動いていた。日本製の1台の旋盤の周りには5人の人が立っている。下段に、中国製の旋盤が1台置かれていた。これも、スイス製と同様に動いていない。

日本製の旋盤の周りの5人は何をやっているのかと思って覗き込んだら、1人は旋盤を動かして仕事をしている。2人は箒を持って、旋盤の動きに伴って出てくるゴミを掃除している。もう1人はごみを庭に捨てに行く仕事らしい。もう1人は先ほどからずっと腕を組んで、皆を睨みつけている。

通訳の人に質問した。「腕を組んだあの人はどんな仕事をしているのでしょうか?」と。そしたら、通訳が次のように答えた。「あの人は共産党の幹部で、この旋盤工のリーダーです。仕事が順調にいくように見張りをしているのです。」「では、後の3人は?」と質問したら、「彼らは、旋盤の勉強をしているのです。いまは見習いです。」と答えた。

「ならば、あと2台の旋盤を使って実習をすればよいのではないですか?」と聞いたら、「あのスイス製の旋盤は高価なので、大事な時以外は使わないで飾っているのです。外部から視察団が来た時のために置いています。」と答えた。「ならば、もう1つの中国製の旋盤を使って練習すればよいでしょう」と言ったら、「あれは古くて使い物になりません。皆さん、新しい機械を使いこなす能力を身につけたいのですよ」と答えた。

計画経済は、控えめに計画を立てているので、すべて計画通りに進行しているのである。

北京空港のタクシー事情

数年後に、中国社会科学院経済研究所の招待で北京を訪問した。北京空港はタクシーがそう簡単には見つからないので、前もって旅行業者に手配をお願いしてから飛行機に乗った。

北京空港に着くと、入国管理事務所を抜けたところで、偶然にも、アメリカの北京大使館のアメリカ人領事にバッタリ会った。「やあやあ、久し振りだなぁ。元気かい」と気軽に声をかけて来たのは、元福岡アメリカンセンターの館長だったクロールであった。「元気ですよ。今日は僕の迎えにわざわざ北京空港まで来たの？」と冗談交じりに聞いたら、「違うよ！　アメリカ大使の出迎えだ」と言われた。「そうだ。この人はアメリカの北京大使館に転勤していたのだ」と思い直して、駐車場に向かおうとすると、「車はあるのか？」と聞かれたので、「日本で予約しておいたから大丈夫だよ」と答えて駐車場の方向に出ようとしたら、中国社会科学院の馬家駒教授が立っていた。わざわざ北京空港まで迎えに来て下さったのである。「お元気ですか。お久しぶりです。良くいらっしゃいました」と言いながら近づいてきた。「先生、社会科学院の車を用意していますから、こちらにどうぞ」と言われる。「いえいえ、車は手配しています」とも言えずに、同僚たちに予約した車を探して乗って頂き、私は馬先生の手配した社会科学院の車に乗らせてもらいホテルまで行くことになってしまったのである。

中国では、コネと情報が重要な資源なのである。

没　有

以上、私の個人的な計画経済時代の中国経済についての経験談である。中国でよく聞く「没有《めいよ》」というのは、「無いよ」という意味である。しかし、実際の中国での経験では、有るけどあなたには関係ないという意味のように聞こえていた。

2 市場原理の理想

市場原理のもとでは需要と供給を調整する市場調整メカニズム（価格調整メカニズムや数量調整メカニズム）が有効に機能することによって、市場均衡（market equilibrium）が自動的に達成され、効率的資源配分と公正な所得分配が自動的にもたらされると考えられている。

すなわち、タクシーの行列ができると、それを知ったタクシー会社が行列のできている地域にタクシーを派遣するのである。もし、タクシー需要が超過しているならば、タクシーの供給量が増える（数量調整）か、あるいはタクシーの料金が上がること（価格調整）になる。

土地・労働・資本の本源的生産要素の産業間の配分と、その要素価格である地代・賃金率・資本のレンタル・プライスは、土地用役市場・労働市場・資本市場において市場原理に基づいて決定されると考えるのである。同様に、企業が生産・供給し、家計が消費財として需要し、あるいは同時に、企業が中間財として需要する財・サービスの量とその価格は、財・サービス市場において市場原理に基づいて決定されると考えるのである。

ここで、自動的に調整されるメカニズムとは、社会の調和と人類の幸福は、各経済主体の私利私欲という利己的行動の結果としてもたらされると考える。それは、人間に本来備わっている「道徳感情」に基づいて「自愛心」と「自己心」の命ずるままに行動する経済主体の行動によって、自然に「見えざる手」（the invisible hand）に導かれて国富の増大がもたらされるという考え方をアダム・スミス（Adam Smith）(1)は説明したのである。

しかし、社会主義経済においては、この私利私欲の発揮は許されずに、国民はみな社会のために奉仕しなければならない。であるから、1人1人は自分の能力を十分に発揮しなければならないし、社会はそれに応えて、それぞれの人の必要に応じて正しく分配してくれるのである。

3　市場均衡

「均衡」とは「釣り合いが取れていること」であり、平衡状態にあるということである。「市場均衡の状態」とは、ある市場において需要条件と供給条件が単に一致することではなく、「市場において釣り合いが取れている状態」であり、市場が「平衡状態」にあることを説明しなければならない。

このことを皮肉にみると、「市場が平衡状態にある」から「誰もこれ以上需要しない」し、「誰もこれ以上供給しない」。それ故に市場は釣り合いが取れているように見えると考えることもできる。これが「ケインズの有効需要で決定される経済状態」、すなわち、「ケインズ的均衡状態」なのである。

すなわち、市場均衡とは、各経済主体の主体的均衡(2)から導出される需要計画・供給計画を集計した需要関数と供給関数から成立する、それぞれの市場(産業)において均衡状態(平衡状態)が達成されており、この状態を変更しようとする力が働かない状態であるという意味である。

経済主体が家計の場合は、所与の市場状態において、一定の嗜好条件と予算制約条件のもとで、他の条件にして等しき限り(ceteris pluribus)、効用極大あるいは効用最大の状態にある消費計画と生産要素の供給計画を考える。また、経済主体が企業の場合には、所与の市場状態において、一定の技術条件と費用条件のもとで、他の条件にして等しき限り、利潤極大あるいは利潤最大の状態にある生産物の供給計画と生産要素の需要計画が決定される。「経済主体の均衡状態」も「市場の均衡状態」も、他の条件にして等しき限り、「今の経済主体の意思決定を」あるいは「今の市場の均衡状態を」変えようとする力が、一切、働かない状態であると言うことができる。その結果として、市場均衡においては生産物市場や生産用役市場において、需要量と供給量が等しくなる均衡価格が存在するということになる。

均衡状態の説明

あるとき、私の研究室のポストにベンツのカタログが入っていた。カタログに、ある学生から手紙が添えてあり、「貴方が乗っているトヨタの車よりも、こちらの車の方が高級で性能も上である」と書いてあった。すぐに、次の講義の時に反論した。「あのベンツのカタログは乗れないし、走らない。乗れない自動車と比較することは意味がないと理解してもらいたい」と説明した。

つまり需要とは、お金を出して買う用意がある場合が需要であり、「カタログを眺めながら、これが欲しいけど金もないし、免許証もないから買えない」状態を言うのではない。このカタログの持ち主は、カタログを見るだけでは市場均衡に影響を与えることがないということを理解しなければならない。

4　市場均衡の存在

経済的に意味のある市場均衡

代価や代償を払わないと自分の所有にすることができない財を、経済財という。この経済財の価格は、希少性の程度によって高いか安いかが決定される。ここで、希少性とは、需要される量に比べて利用可能な量が少ない状態をいう。すなわち、希少性とは、需要量が供給量を上回っているために相対的に不足傾向の強い程度として説明される。

市場経済においては、需要量が供給量を上回る場合は、市場価格が高騰し、供給量が需要量を上回る場合は、市場価格が低下することになる。

経済的に意味のある市場均衡とは、需要量と供給量が等しくなる正の取引数量（D＞0、S＞0）に対して、正の市場均衡価格（P＞0）が成立することである。

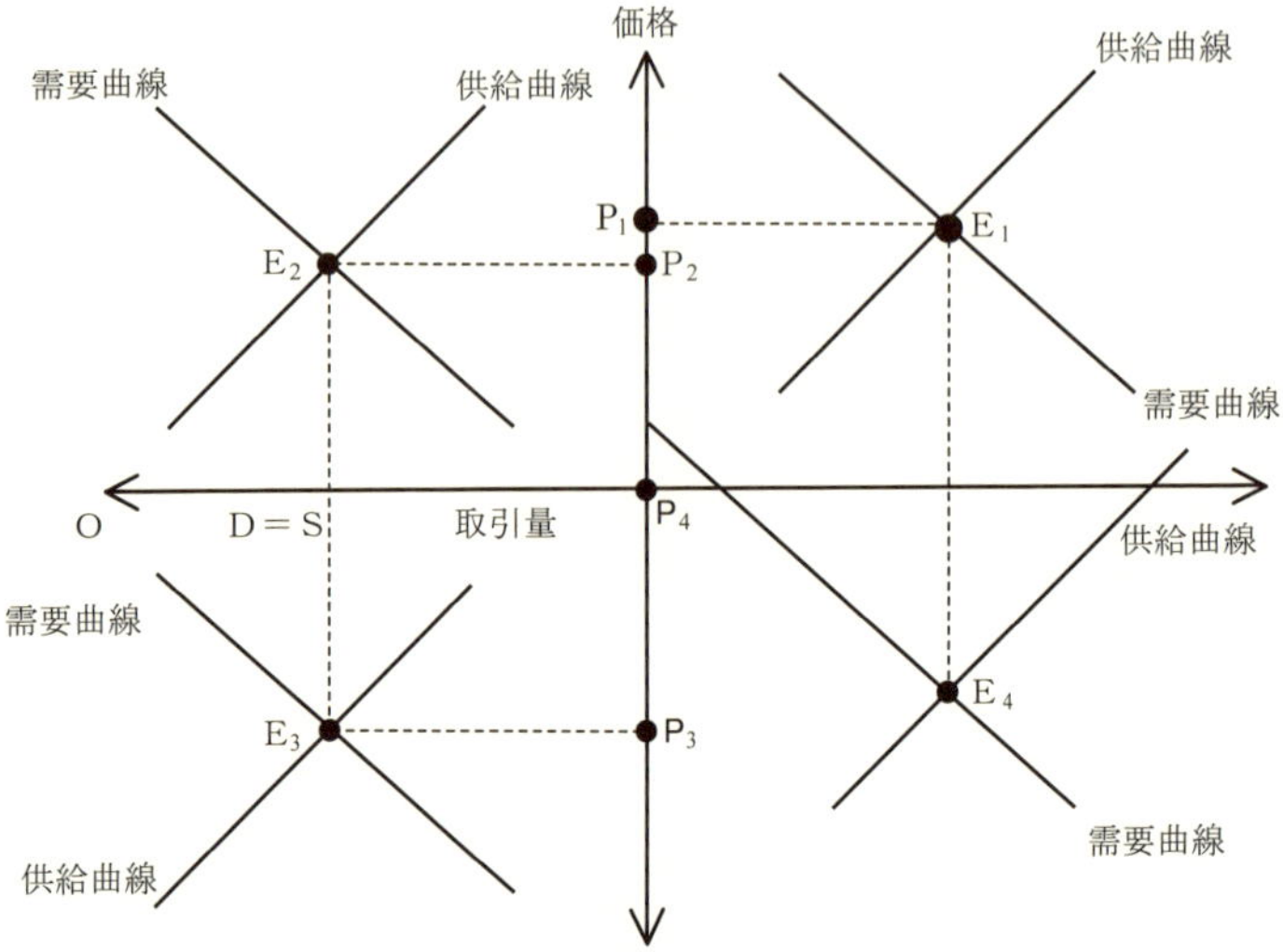

図2―1　市場均衡と4つの市場

いま、図2―1のように、横軸に取引数量D、S、縦軸に市場価格Pをとると、経済的に意味のある市場均衡とは、需要曲線と供給曲線が第1象限内で交わることである。

自由財の定義

需要曲線と供給曲線が第1象限内において交叉しないで、第4象限の点Eのような位置で交叉する場合には、交点は負の価格となり、経済的に意味がない財・サービスとなる。これは供給量が需要量をはるかに超過している場合であり、市場価格がゼロで決定されると考える。このような財は自由財（Free Goods）と定義される。このような自由財のケースとしては、空気や水、日光のように供給量が需要量を常に上回っているような財・サービスであり、生産費用も供給費用もゼロである。

第2象限における財の取引

医療の費用や介護費用等は、市場均衡条件で決定される価格とすると、均衡点Eのように高額の料金となると考えられる。このような場合は、所得の高い人だけが享受できるような医療制度や介護制度となる可能性が大きいのである。このような場合に、団体保険制度を構築して、運悪く病気になったり、介護を受ける必要ができたりした人が、運よく病院に行かなくて済む人や介護を受けなくてもよい人たちからの資金を使わせていただくという制度の構築が必要である。そうすれば、通常の費用の2割とか3割の費用負担で、医療サービスや介護サービスを受けることができるのである。

このような市場は、第2象限の状態にある患者さんの費用負担を減少させて需要曲線を第1象限に引き上げたり、医療サービスや介護サービスを提供する人々へ補助金を支給することによって、供給曲線を第1象限に引き下げたりすることで実現可能となる。

このような場合には、政府あるいは第三者機関がサービス供給者に収入の一部を保障し、供給コストを下げて供給曲線を下にシフトさせるシステムを導入することによって、経済的に意味のある市場均衡価格を達成することができる。今日導入されている医療保険制度がこのタイプである。

あるいは、需要者の負担の一部を第三者機関が補助することによって、需要曲線を上にシフトさせる方法がある。これは現在実施されている介護保険制度の場合である。

日本経済の経験からは、次のようなことが推察される。サービス供給者の収入を補助するという医療保険のようなシステムの場合は、サービス供給が過剰となる傾向が現れ、逆に需要者の費用を負担する方法は過小需要となる傾向があると考えられる。このような場合には、補助するための資金を誰が負担するかという問題と、サービス提供者の所得を直接保証すべきか、あるいは、需要者の負担のどれだけの割合を保証するべきかという問題が発生する。このような問題は、政府あるいは第三者機関を活用して、市場原理を利用した制度を構築することによって解決しなければならない問題である。

バッズ Bads の市場均衡：第3象限における財の取引

図2―1の第3象限の場合は、負の取引量と負の市場価格が成立する場合である。この場合は、供給者が市場価格に対応する代価を支払ってその財を受け取ってもらい、需要者がその財と代価を得る場合であり、一般的な市場とは逆の現象である。

このような市場は、ごみ処理や産業廃棄物のような経済的に価値が負の財の取引市場である。このような財をバッズ（Bads）と呼ぶことにする。このバッズを処理してもらうためには、費用を払わなければならない。すなわち、バッズの提供者が料金を払い、バッズの需要者が料金を受け取るのである。これは経済的にはおかしなことである。

この場合は、バッズの処理サービスへの代償として、人々は費用を払っているのである。

業者は、処理費用の代償として料金を受け取っているのである。このような市場は、図2―1の第3象限において説明することができる。

このようなケースの場合は、あらためて横軸右に向かって産業廃棄物処理サービスの供給量（ゴミや産廃受取量）と需要量（ゴミや産廃委託量）を、縦軸にそのサービスの市場価格をとることによって第1象限内の市場均衡分析として説明することができるが、供給者余剰と需要者余剰の概念が正負逆転していることに注意しなければならない。なぜならば、取引の増大は、社会を豊かにするわけではないからである。

以下の議論においては、財の特徴として第1象限内において市場取引が実現される一般的な経済財と、さまざまな制度や工夫によって第1象限内で市場均衡を議論できる財・サービス市場について説明を行う。

【注】

（1）アダム・スミス（Adam Smith; 1723-1790）はイギリスの経済学者であり、古典派経済学の創始者である。1751年にグラスゴー大学の論理学の教授となり、後に道徳哲学の教授となった。1759年に「道徳感情論」（The Theory of Moral Sentiments）が出版されている。1764年から1766年まで大富豪の家庭教師としてフランスに渡り、ケネー（Quesney, F.）やセー（Say, J.B.）等と交流する。1776年に「国富論」（An Inquiry into the Nature and Causes of the Wealth of Nations）の執筆を開始し、9年後に出版した。「見えざる手」とともに「夜警国家観」のもとで、政府の役割を制限した自由な経済活動と競争市場によって経済の発展と繁栄が達成されるとしたが、その後の「自由放任主義」（laissez-faire）とは別の概念である。

（2）主体的均衡とは、各経済主体は経済活動において、誰にも邪魔されずに合理的に効率的に意思決定することができるという意味である。

第3章　競争的均衡の種類

1　裁定取引がもたらす価格の標準化

地域間で価格差がある場合には、地域間の価格差を利用して利益を上げようとする商人が現れる。この価格を利用した取引を「裁定取引」(arbitration) と呼ばれる。

A地域において１００円で販売されているモノが、B地域においては１５０円で販売されているとする。地域間で50円の差額である。この50円の差額を利用して金儲けをしようとするならば、A地点とB地点との間の輸送費用を知らなければならない。

この財の輸送費用が１００個で１０００円であるとするならば、x個購入した時の１個当たりの輸送費用は次の式で表される。

$$TC = \frac{1000\text{円} \times \left[\frac{x\text{個}}{100\text{個}}\right]}{x} \quad : 1\text{個当たりの輸送費用}$$

いま、x個購入して、運んで行って、販売して帰って来たときの利益は、次の式によって表される。ここで、［ ］はガウス記号である。ガウス記号とは、実数xに対して、n≦［x］＜n＋1なる整数nがただ1つ存在するので、そのnを［x］と書く。

$$\Pi=(150\text{円}-100\text{円})\times x\text{個}-1000\text{円}\times\left[\frac{x\text{個}}{100\text{個}}\right]=50x\text{円}-1000\text{円}\times\left[\frac{x\text{個}}{100\text{個}}\right]$$

この取引で利益が出るためにはΠ＞0でなければならない。

x＜100個であれば、次の式が成立する。

$$\Pi=50x-1000\text{円}>0$$

すなわち、x＞1000円／50円＝20個であり、21個以上を運んで販売すると利益があることが説明される。

輸送費用を払って、日当を稼ぐ場合

自分で仕入れて、自分で運んで行って、自分で販売して、帰って来る場合は、自分に対する手当てが必要である。往復運賃が4万円、1泊2日の宿泊費用が1万円、自分の日当が1日1万円で、計7万円であるとすると、

$$\Pi=50x\text{円}-1000\text{円}\times\left[\frac{x\text{個}}{100\text{個}}\right]-70000\text{円}>0$$

いま、販売量が1810個の時、1900≧x＞1810個であれば、［1810÷100］＝19で

あり、次の式が成立する。

$$\Pi = 50x - 89000\text{円} > 0$$

ここで、販売費用合計は８９０００円（＝７００００＋１９０００）である。

$$x = 89000\text{円} \div 50 = 1780\text{個}$$

すなわち、１７８０個以上販売できると利益が発生することから、この式（1810個＞1780個）は満たされることが説明されるのである。

しかし、ここで疑問が湧く。１泊２日で２７１５００円（＝１８１０個×１５０円）の売り上げは可能なのかという疑問である。１５０円のA市場において１５０円の価格で勝負すれば、普段購入している店との競争には勝てないのである。

もう少し値段を下げて完売することを狙わないと、利益は出ないということに気が付くはずである。

値下げと完売

では10円下げて、１４０円で売ることにする。往復運賃が4万円、１泊２日の宿泊費用が１万円、自分の日当が１日１万円であるとすると、計７万円であるから次の式が成立する。

$$\Pi = 40x\text{円} - 1000\text{円} \times \left[\frac{x\text{個}}{100\text{個}}\right] - 70000\text{円} > 0$$

$2400 \geqq x > 2350$個であれば、［２３５０÷１００］＝24であり、次の式が成立する。

$$\Pi = 40x - 94000\text{円} > 0$$

$$x = 94000\text{円} \div 40 \geqq 2350\text{個}$$

すなわち、２３５０個以上販売できないと利益が発生しないということが説明されるのである。

たぶん、このような販売競争の戦いにおける勝利は無理である。なぜならば、A地区から仕入れる量が増加するに従って、仕入れ価格が上昇する可能性があるからである。そして、B地区においては、この地域の業者がこの製品の価格を下げて、他地区からの販売業者を追い出しにかかるからである。彼らのB地域での仕入れ価格は、他地域であるA地域からの仕入れ価格よりも安いはずであるから、裁定取引によって利益を得ようとしている業者にとって価格競争は耐えられないことになるのである。

裁定取引の結果としての「一物一価の法則」

このような地域間の価格格差を利用した裁定取引は、結果としてA地域の価格を上昇させ、B地域の価格を下落させる結果となるのである。

このような裁定取引の結果、市場間の価格差は是正され、市場価格の標準化が次第に生じるのである。すなわち、同一の市場においては、同一の市場価格が実現するという意味で、

「一物一価の法則」(the law of indifference) が成立することが説明されるのである。

2 市場均衡について

「一物一価の法則」の競争的均衡の概念については、次の①純粋競争の仮定、②完全市場の仮定、の2つの市場均衡の説明がある。

2・1 純粋競争の仮定

純粋競争の仮定 (pure competition) とは、個々の経済主体は市場価格を所与として、それぞれの需給を調整する「価格受容者」(price-taker) あるいは「数量調整者」として行動するという仮定である。家計は、諸資源の初期の所有量に制約されながら、効用最大化を目的として本源的生産要素の用役を提供し、最終消費財の需要を決定すると想定する。

企業は利潤の最大化を目標として、生産物の供給量と生産用役の需要量とを決定すると想定する。所与の価格体系のもとで、それぞれの経済主体が効用極大・利潤極大の状態に到達しているときに主体的均衡 (subjective equilibrium) が成立していると考える。

この純粋競争の仮定は、それぞれの市場において同一財の生産・供給・消費にかかわる企業・家計の取引を前提にしている。そこでは個々の企業の供給量は、市場で取引される量のわずかな割合を占めるに過ぎないということを意味しており、市場価格に対する支配力が行使できない程度であることを前提としている。これは、各企業の生産条件が「規模に関して収穫逓減」(decreasing returns to scale)あるいは「規模に関して費用逓増」(increasing costs to scale)の状況にあるケースを前提として議論していることを意味している。

すなわち、生産条件において比較的劣悪な生産技術・費用条件に直面する企業が淘汰され、その産業に寡占状態あるいは独占状態が成立する可能性がある「収穫逓増」(increasing returns to scale)あるいは「平均費用逓減」(decreasing costs to scale)の状況にある市場というケースを排除していることを意味している。

2・2　完全市場の仮定

完全市場(perfect market)の仮定とは、一般に、ある財について完全な競争が行われ、適正な価格が形成されるために必要な条件を備えた市場をいう。

完全市場に必要な条件とは、次の条件を満たすことである。

(1)　供給者と需要者の数が極めて多いこと。
(2)　個々の市場参加者の力は小さいため価格支配力はなく、市場価格を所与のものと考える。
(3)　市場参加者は完全な市場情報や商品知識を持っていると想定する。
(4)　売買される財はまったく同質で、商標や特許などによる製品の差別化はないこと。
(5)　税金や手数料はない。

(6) 市場参入・退出は自由である。

すべての経済的資源の諸用途間(産業間)における可動性(mobility)が完全であることを意味するものである。資本市場においては、長期的には利潤率が正常利潤に均等化し、超過利潤はゼロになると想定されるのである。

第4章　ビール会社と価格

寡占的市場構造の一般的な特徴は、各企業がそれぞれライバル企業の反応を予測しながら政策決定を行うことにある。

寡占的市場構造には、同質寡占（homogeneous oligopoly）と異質寡占（heterogeneous oligopoly）がある。

最初に同質寡占のケースとして、「プライス・リーダーシップ」と「カルテル」について説明する。

その前に、私の経験談を1つ紹介する。

アサヒ・ビールの社長の話

アサヒ・ビールの樋口廣太郎社長の講演を聞いたことがある(1)。昭和61（1986）年にアサヒ・ビール（現：アサヒグループホールディングス）の社長に就任した。アサヒ・ビール中興の祖と言われている。昭和62（1987）年、アサヒスーパードライを発売して大ヒットさせたことで有名である。平成7（1995）年から経団連の副会長も務め、平成10（1998）年には小渕恵三内閣総理大臣に請われて首相の諮問機関・経済戦略会議の議長に就任している。

アサヒ・ビールの競争相手はキリンビールなのかという問題を考えた。答えは、そうではないということであった。ならば、何がビールの売り上げを増やすのかと考えたのである。そこで、一般社員も含めて会議を開いて意見をまとめようとした。

たとえば、ビールを飲むのはどういうときかという質問に、真夏の屋上のビャガーデンという回答が最も多いと考えていたところ、そうではなかった。ビャガーデンでは、1杯目はうまいが、あとはそんなに続かない。これに対して、デートの際のビールとか、食事の前に少しビールを、というような期待外れの回答が多かった。そして、一番意外だった回答は、ストーブの前で飲むビールというものであった。冬の暖房の中では喉が渇いているので、ビールがうまいという答えである。

つまり、夏場のビール競争で負けるのならば、ストーブの前のビール、女性だけの女子会のビール、食事の前のチョットのビール、等々、ビールを飲む機会ごとの提供の仕方を考えるということが重要であることに気付かされた。そこで、大中小のいろいろな場に対応できるような缶ビールが発売された。これが、アサヒ・ビールの売上量がキリンビールを追い越した理由であると説明されたことがある(2)。

表4—1　2016年のビール売上量と売上高の順位

会社名	ビール出荷量（推定）	売上高
第1位　アサヒ・ビール	約204万KL（37.3%）	9,766億円（28.5%）
第2位　キリンビール	約170万KL（31.1%）	11,532億円（33.7%）
第3位　サントリービール	約91万KL（16.6%）	9,887億円（28.9%）
第4位　サッポロビール	約63万KL（11.5%）	2,794億円（8.2%）
第5位　オリオンビール	約19万KL（3.5%）	280億円（0.8%）
合　計	約547KL（100%）	34,259億円（100%）

出所：5大ビールメーカー売上シェアランキングまとめ【日本一の出荷量はドコのブランドだ!?】更新日：2018年2月21日。

1　ビール会社のシェアー

次の表4—1は、日本のビール会社の2016年（1月～12月）のビール類（ビール、発泡酒、新ジャンル）の出荷量と売上高の表である。

ビール出荷量でみると、アサヒ・ビールが204万KL（37・3％）で第1位であり、次にキリンビールの170万KL（31・1％）である。

この表4—1は、出荷量の順位でならべており、売上高の順位ではキリンビールが第1位の11532億円（33・7％）であり、次に、出荷量では第3位のサントリービールが9887億円（28・9％）第2位である。アサヒ・ビールは、売上額では第3位の9766億円（28・5％）である。

すなわち、出荷量が多いから利益が多いとは限らないということであり、同様に売上額が大きいから最も利益があるのかもわからないということである。アサヒ・ビ

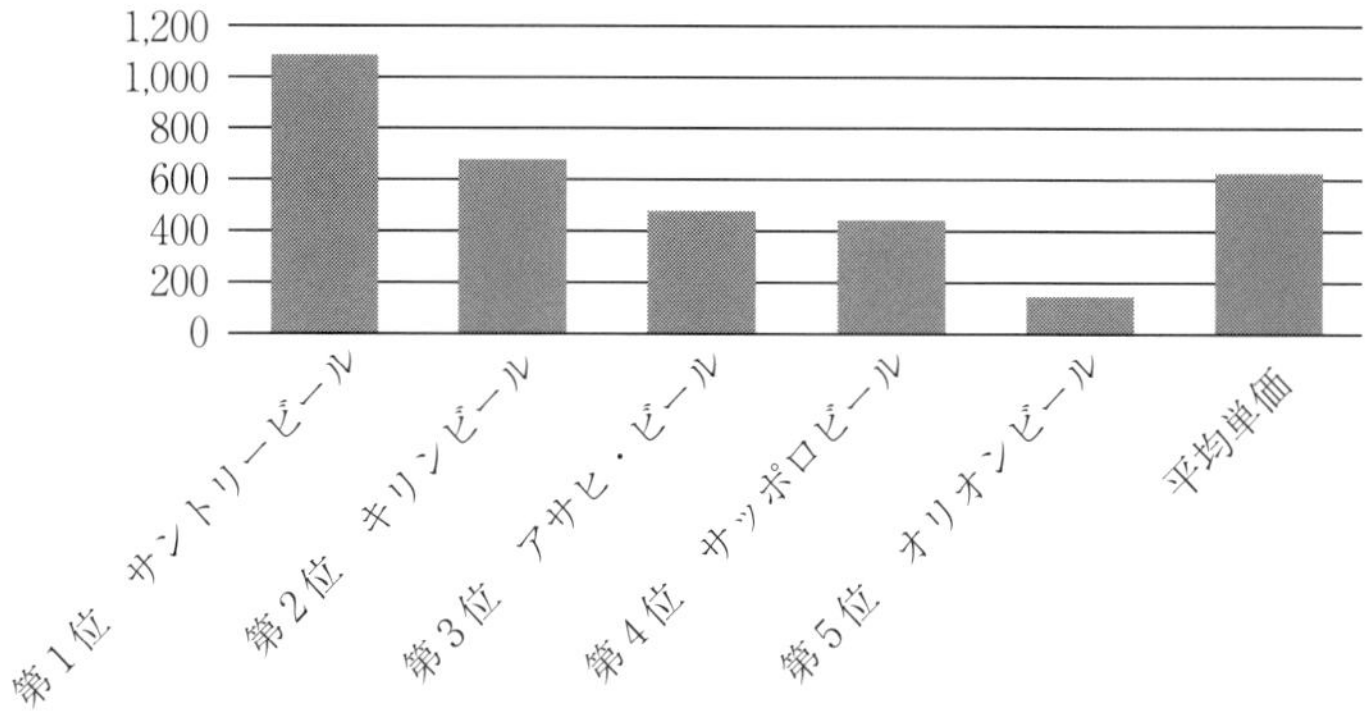

図4—1　各ビール会社の単価

ールがキリンビールを抜いたということは、出荷額でということであった。

この表から、いくつかの興味深い分析が可能である。

まず最初に、出荷量第1位のアサヒ・ビールの単価（9766億円÷204万KL≒478・725円／ℓ）はキリンビールの単価（11532億円÷1700万KL≒678・353円／ℓ）の7割であることである。アサヒ・ビールは、出荷量は多いが単価はキリンビールよりも3割低いのである。

同様にサントリービールの場合は（9887億円÷91万KL≒1086・483円／ℓ）となり、サントリービールの単価はアサヒ・ビールよりも、キリンビールよりも高いことがわかるのである。

同様にして他の2社も計算してみると、サッポロビールは443・492円／ℓ、オリオンビールは147・368円／ℓである。5社の平均は626・307円／ℓである。

次の図4—1は、このビール会社5社の1リットル当たりの単価を比較した棒グラフである。売上高第3位のサントリービールが最も高く、次に売上高第2位のキリンビール、そして、売上高第1位のアサヒ・ビールが続いているのである。

各会社の利益率は売上高に強く影響されると考えると、ビールの利益率の第1位はサッポロビールということになるのである。そして、第2位は、アサヒ・ビールではなくキリンビールということになるのである。

以上のことから、ビール会社の競争の実態とは、アサヒ・ビールとキリンビールの出荷競争を尻目に、サントリービールが定位置確保に専念したように見えるのである。

このビール市場のように、寡占状態においては、市場価格はほぼ同一で、広告を通しての品質競争とイメージ競争が一緒になって、出荷量競争が行われているのである。

2　同質寡占—プライス・リーダーシップ

「同質寡占」の市場構造において広く観察される現象として「プライス・リーダーシップ」(price leadership)がある。生産物が規格化されているために、各企業が独立的に価格政策を行使する余地が乏しく、ライバル企業よりも高い価格を設定すると、販売量が激しく減少する可能性がある場合である。そのため、比較的有力な企業が価格形成のイニシアティブをとり、他企業は「暗黙の了解」(tacit agreement)によってこの価格に追随するという結果

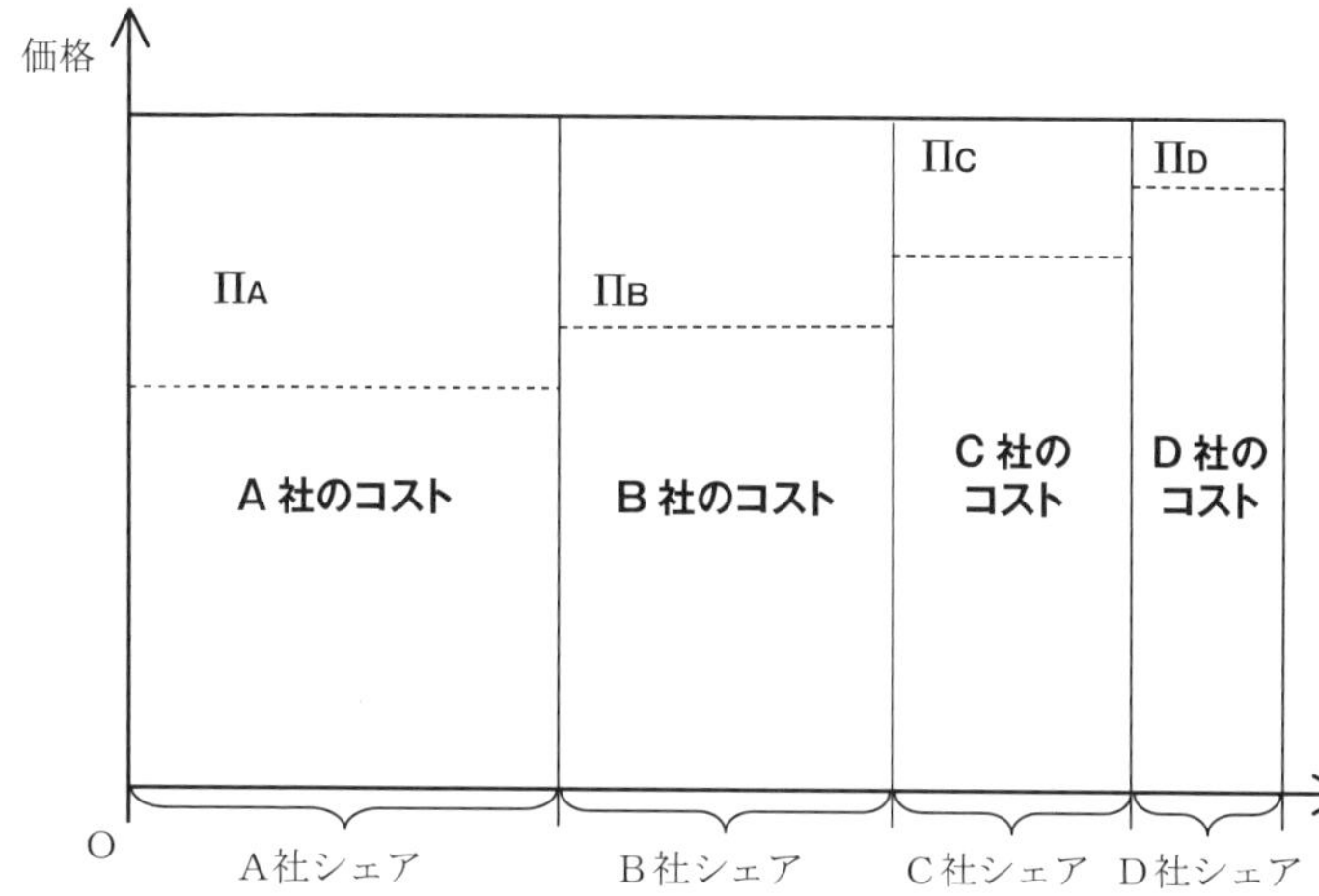

図 4―2　プライス・リーダーシップ

になりやすいのである。このときイニシアティブをとる企業を「プライス・リーダー」といい、決して第1位の企業ではないことが特徴である(3)。

図4―2において、縦軸に価格をとり、横軸にそれぞれの企業のシェアをとる。生産規模を反映して、シェアの大きい企業Aの平均生産費用は低く、シェアの小さい企業の平均生産費用は次第に高くなるであろう。企業B、企業C、企業Dと次第に生産費用が高くなるように描かれている。

限界的企業であるD社の利潤Π_Dを、他の産業の利潤率と比較して正常利潤程度の水準になるようにこの産業の製品の価格を設定することによって、D社はこの産業内にとどまることが可能である。他社はその価格のもとで、正常利潤を超えたそれぞれの生産規模に応じた利潤(Π_A、Π_B、Π_C)を獲得することが可能となるのである。

カルテル

「同質寡占」の市場構造において、各企業の産出量決定を拘束しないで放任すると、プライス・リーダーが設定した価格を維持することが困難となる場合がある。

一部の企業がシェア拡大を図って価格切り下げ競争に出ることは、産業全体の利潤を減少させることになるためである。これを防ぐために、「価格協定」や「生産制限協定」などの「カルテル」の結成が行われることがしばしばあるのである。このようなカルテルは、「同質寡占」の最も一般的な現象であると言うことができるのである。

【注】

（1）久留米大学法学部の大家重夫教授の大学時代の同窓生ということで、久留米大学での講演であった。

（2）樋口社長の大事な話をかなり簡単にまとめすぎているかもしれない。ご容赦を！

（3）ビール市場では、プライス・リーダーシップを握っていたアサヒ・ビールが競争を仕掛けた結果、出荷量と売上額との間に乖離が発生したと考えられるであろう。

第5章　不完全競争と独占

1　完全競争と不完全競争

ミクロ経済学において、企業者行動の理論は、企業が生産して販売する生産物市場と、企業が生産活動のために仕入れたり、雇い入れたりして生産活動に参加してもらうための要素市場の状態が「完全競争（perfect competition）」的であるという仮定に基づいて説明されている(1)。ある市場が完全競争の状態にあるということは、その市場に参加している売り手（供給者）や買い手（需要者）が、いずれも市場で決定される市場価格に対して影響力を持たず、それぞれの市場参加者はその市場価格を受け入れて行動するという意味で、プライス・テイカー（価格受容者）であるような状態を意味している。

しかし、現実の経済においては、このような完全競争の状態を実現することを妨げる諸事情がある。その事情の第1は、生産資源の諸用途間における自由な移動を妨げる諸資源の移動性の不足（immobility of resources）であり、「市場の不完全性」（market imperfection）の問題である。第2の事情は、個々の売り手もしくは買い手が市場価格を操作できるようにさせる諸事情の存在である。市場に対する経済主体の支配力は「独占力」(monopoly power)と呼ばれ、独占(monopoly)および独占的競争(monopolistic competition)の問題として区別される。

このように完全競争の条件を満たしていない市場の状態は、総称して「不完全競争(imperfect competition)」と呼ばれる。

1・1 資源移動の障害と不完全競争

資源の移動は、地域間の移動と産業間の移動とに分けて考えることができる。土地用役については地域間の移動を考えることは無意味であるから、異なった場所にある土地はそれぞれ異なった生産用役と考えることができる。

労働移動が完全であるならば、労働者はできるだけ多くの利益を得るような条件で労働を供給することができるため、賃金率に格差が存在する場合には、相対的に高い賃金率の職種に労働力が流入することによって賃金率が押し下げられる傾向があり、低賃金の職種においては、労働力が移動することによって賃金率が引き上げられる傾向があると言うことができる。企業の労働需要条件との関係から、同一種類の労働には同一の賃金率が成立すると考えられる。

労働の移動を妨げる要因は、移動費用の存在である。地域間の移転や新たな仕事への適応のために特別な費用を要する限り、産業間の賃金格差がその労働移動のコストを償う以上でなければ、労働力の移動は生じないのである(2)。

資本については、地域間はもちろんのこと、産業間を自由に移動する生産要素と考えるならば、新古典派経済学的な資本の分析が可能である。しかし、資本を個別企業にとって独特な情報を体化した資源として考えるならば、それは企業者にとって重要な資源であり、新古典派経済学とは別の資本理論が必要となるのである。

資本の移動が完全に自由である場合は、産業間の利潤率は正常利潤（normal profit）において均等化すると考えることができる。しかし、企業者にとっての重要な資源としての資本の移動が、産業間の移動において妨げられる要因には、次の3つの経済的要因がある。①特定の事業に対する政府の免許制度や、特許権使用制限に基づく新参加の障壁などの制度的要因、②石油や天然ガスのように、供給源が限られている天然資源の排他的利用に基づく障壁などの自然的要因、③市場への新規参入を妨げる要因である。それは、資本設備もしくは生産過程の「不可分性」（indivisibility）が主な要因となって、産出規模の拡大に伴う平均費用の逓減によって生ずる「規模の経済性」（economies of scale）である。

2　不完全競争の理論

2・1　不完全競争市場の種類

「不完全競争市場」は「独占的競争」、「寡占」、「複占」、「独占」などに分類され、以下のように定義される。

(a)　独占的競争（monopolistic competition）

ある同種の（類似の）財やサービスについて、供給者の数が多数存在していながら、個々の売り手の間では品質・性能・商標・販売方法の差異があるために、需要者がそれらの類似の財をまったく同質のものとはみなさない場合である。これは「製品分化（製品差別化）」が行われているような状態であり、有名なバッグや靴などのブランド製品をその例として挙げることができる。

独占的競争の場合には、供給者の数が多数存在しているため、他の企業が価格を引き下げる場合には影響を被るが、「製品分化（製品差別化）」が行われているためにその影響はわずかであり、他の企業も追随して価格を変化させることはないと考えられる場合である。そのため、独占的競争における企業は他の企業の反応を考慮することによって、自己の需要曲線が価格弾力的であることを想定して、それに基づいて行動するのである。

（b）寡占（oligopoly）

少数の企業が1産業を形成している場合には「寡占」（oligopoly）と呼ばれる。ある産業において供給者の数が極端に少なく、少数の供給者が互いの手の内を探り合う状態である。「独占的競争」との違いは、このケースにおいては「製品分化（製品差別化）」が行われていないため、企業は他の企業の行動に対して敏感に反応するということになる。

寡占の状態では、1企業の行動が他の企業のマーケット・シェアに影響を与える可能性が大きいために、各企業は互いにライバル企業の行動に敏感に反応すると考えられる。セメント産業のように、いずれの企業の製品もほとんど同質とみなされて良い場合を「同質寡占」という。

（c）複占（duopoly）

上記の「寡占」の状態が一層進み、1つの産業（財）において2つの企業（供給者）しか存在しない場合を「複占」と言う。

具体的な例としては、ソフトドリンク市場におけるコカ・コーラとペプシコーラ、ジェット機市場におけるエアバス社とボーイング社、映画フィルム市場におけるコダックと富士フイルムなどが挙げられる。

(d) 独占 (monopoly)

技術的・制度的または経済的な理由で、1つの産業(財)に1つの企業(供給者)しか存在しないケースは「自然独占」(natural monopoly) と呼ばれる。

この種の企業によって供給される財やサービスが必需品の部類に属し、密接な代替財が存在せず、しかも潜在的な競争の可能性もほとんどない場合には売り手独占の状態であり、文字通り「独り占め」である。このような企業が直面する個別需要曲線はかなりに非弾力的になり、独占力は大きくなると考えられる。

このような「独占」の状態は、規模の経済が著しい場合や、特許や原料の支配などによって生産技術や生産資源が特定の者に占有されているために生じやすいと考えられる。

電力・ガス・水道・鉄道などの公共部門の分野においては、ある特定の地域において1社しか供給しない状態もあるが、これらの分野においては価格等について政府の規制を強く受けており、勝手に独占価格をつけることはできないように指導されている。

密接な代替品が存在しない場合には、その生産物を供給する企業が唯一であるから「純粋独占」である。

【注】

（1）完全競争とは、市場参加者間の「競争」という経済行動を表すのではなく、「市場の状態」を表していると考えなければならない。この「完全競争の状態」とは、次の４つの条件が満たされている状態である。取引される財の同質性、多数の財の需要者と供給者の参加、情報の完全性、市場への参入・退出の自由。

（2）労働市場の均衡条件は「賃金率－移動費用」の均等化である。

第6章　異質寡占と屈折需要曲線の理論

市場価格は、市場の需要条件や供給条件によって常に変化すると考えられている。しかし、一方で、前章のビールの価格のように、酒税の変更でもない限り、価格が変化しない商品もたくさん見受けられる。このような価格の硬直性を説明する理論として「寡占理論」がある。

異質寡占の市場構造における「価格の硬直性」と「シェアの安定」を説明する理論として「屈折需要曲線の理論」がある。寡占企業が製品価格を変更しようとするとき、競争関係にある相手企業の反応については不確実性が伴う。この会社にとって、競争相手企業の行動に関する情報が不足している場合の寡占企業の合理的行動を説明するのが「屈折需要曲線の理論」である(1)。

ある寡占企業が価格を大幅に切り下げる場合には、競争相手もまた報復的に価格を切り下げるように追随すると予想されるため、その結果としてシェアは変化しないと考えられる。しかし、この企業が価格を切り上げる場合には、競争相手企業は価格を切り上げずに、相対的に安い価格で競争力を維持することができるので、今までの状態を維持するように行動すると考えられる。価格を切り上げた企業は、シェアの減少が大きくなると想定されるのであ

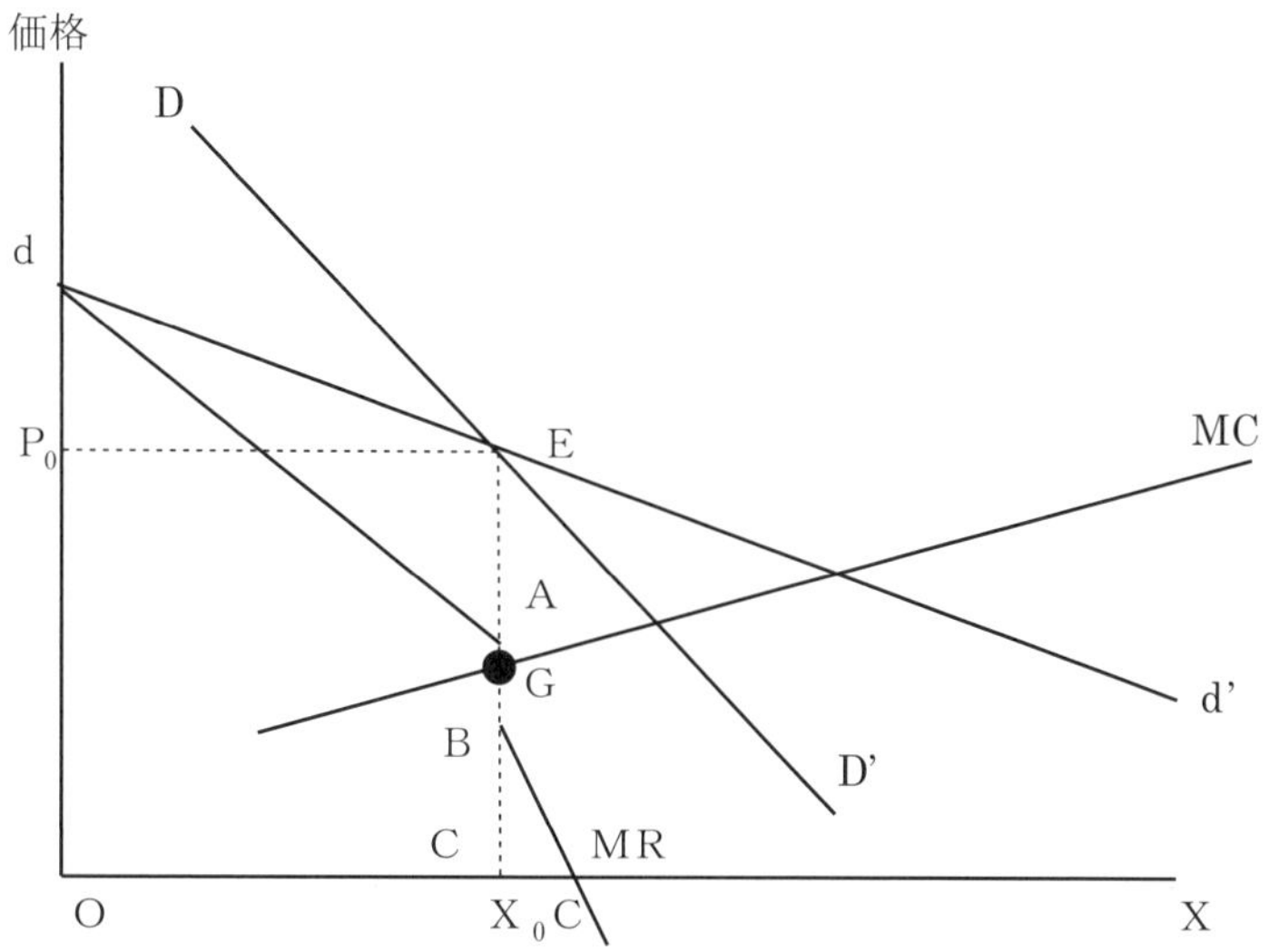

図6―1　寡占と屈折需要曲線

る。すなわち、個々の企業は、自らの価格値上げに対しては自己のシェアの減少を招き、価格切り下げに対しては報復措置を招くことになると考えるのである。また、産業内の価格切り下げ競争により、産業全体の利潤の減少が生じると考えられる。

　このような企業行動の理論を、スィジーは「屈折需要曲線の理論」として説明した。上の図6―1によって説明される。いま、dd′曲線を、この企業が独自に価格政策を採用するときに、他の競争企業が追随しない場合のこの企業の個別需要曲線とする。次に、DD′曲線は、この企業が価格を変更するときには他の競争企業が追随する場合の、この企業の個別需要曲線であるとする。

　一定期間の企業の生産量をX、生産費用

をCとすると、この企業の費用は$AC=\frac{C}{X}$限界費用は$MC=\frac{\Delta C}{\Delta X}$と表される。

企業の限界費用曲線が多少変化しても、限界収入曲線がAB間にある限りは、利潤極大条件が変化しないために、市場価格Pと生産量X（＝供給量）は変化しない。例えば、石油価格の値上げや電気代の値上げのような場合である。

いま、この企業が設定する価格がOP_0、供給量がOX_0であるとき、この企業が市場価格を上昇させようとすると、他の企業は価格上昇に追随しないために、この企業の個別需要曲線はEd曲線のように需要量の減少が著しくなると考えられる。また、この企業が価格を下げる場合には、他の企業も追随すると考えられるために、個別需要曲線はED′曲線のように傾きが急になる。このようにして、この企業の個別需要曲線は、dED′のように点Eにおいて屈折した曲線として描かれることが説明されるのである。

さらに、限界収入曲線（MR）はこの需要曲線から、dABCのようにABの部分で離れた2つの曲線として描かれる。

独占的企業の利潤極大条件は「限界収入（MR）＝限界費用（MC）」であるため、限界収入曲線と限界費用曲線との交点Gによって、この企業の利潤極大条件が導出される。このとき市場価格はOP_0、生産量はOX_0で決定されるのである。

このときこの企業の価格は、平均直接費（図6―1では限界費用CGで表している）にある一定のマージン$\left(\frac{GE}{CG}\right)$を加算した水準に価格を決定する「フル・コスト原理」(the full-cost principle)によって決定されると説明することができる。このときのマージン率は、正常利潤との関係で決定されると考えられる。例えば、Pを生産物価格とすると、mがマークアップレシオ(mark up ratio)である。

$$P=(1+m)MC \quad m=\frac{FG}{FC}$$

また、図からも明らかなように、限界費用曲線がABの間を多少シフトしても、「限界収入(MR)=限界費用(MC)」の条件が維持されるため、市場価格と生産量(=供給量)は変化しないことは容易に理解されるのである。

このようにある企業の価格競争政策は、ライバル企業の報復を招き、結果的にはマーケット・シェアの拡大が期待できないこと、あるいは、競争的価格切り下げはすべての企業にとって破滅的な事態を導くことから(2)、次のような「非価格競争」(non-price competition)が行われることが説明されるのである。すなわち、「異質寡占」においては、品質競争(quality competition)や広告やその他の販売費用の支出によって行われるマーケット・シェアの争奪戦である。

【注】

（1）同じ産業に属するとみなされる企業数が少数である場合を「異質寡占」の状態、多数である場合を狭義の「独占的競争」（monopolistic competition of a large group）の状態であると言う。

（2）ライバル企業の打倒を目指すような価格競争を「破壊的競争」（cutthroat competition）と言う。

第7章　日本の農業

日本の農業は衰退状態である。なぜならば、「農業従事者の約60パーセントが65歳以上」であり、食糧危機が起こって輸入が途絶えたら、国民が飢餓に瀕するというイメージが一般的である。このような農業観は「農業版自虐史観」でさえある。

小麦や米などの個別の品目別の自給率を見ると⑴、自給率は、国内の生産量（重量）÷国内の消費量（重量）で表される。

穀類は27％（内訳：食用穀物59％、粗粒穀物1％）である。以下、いも類75％、豆類8％、野菜類81％、果実類38％、肉類56％（飼料作物の自給率は約25％）、卵類96％、牛乳・乳製品67％、魚介類54％、砂糖類26％、油脂類13％である。

1　農業大国日本

次の図8―1は、2012年度の農業生産金額の世界順位である。日本の692億ドル（8・3兆円：1ドル＝120円で計算）は、中国、インド、アメリカ、インドネシア、ブラジル、ナイジェリアの次の世界第7位である。これは先進国では第2位である。

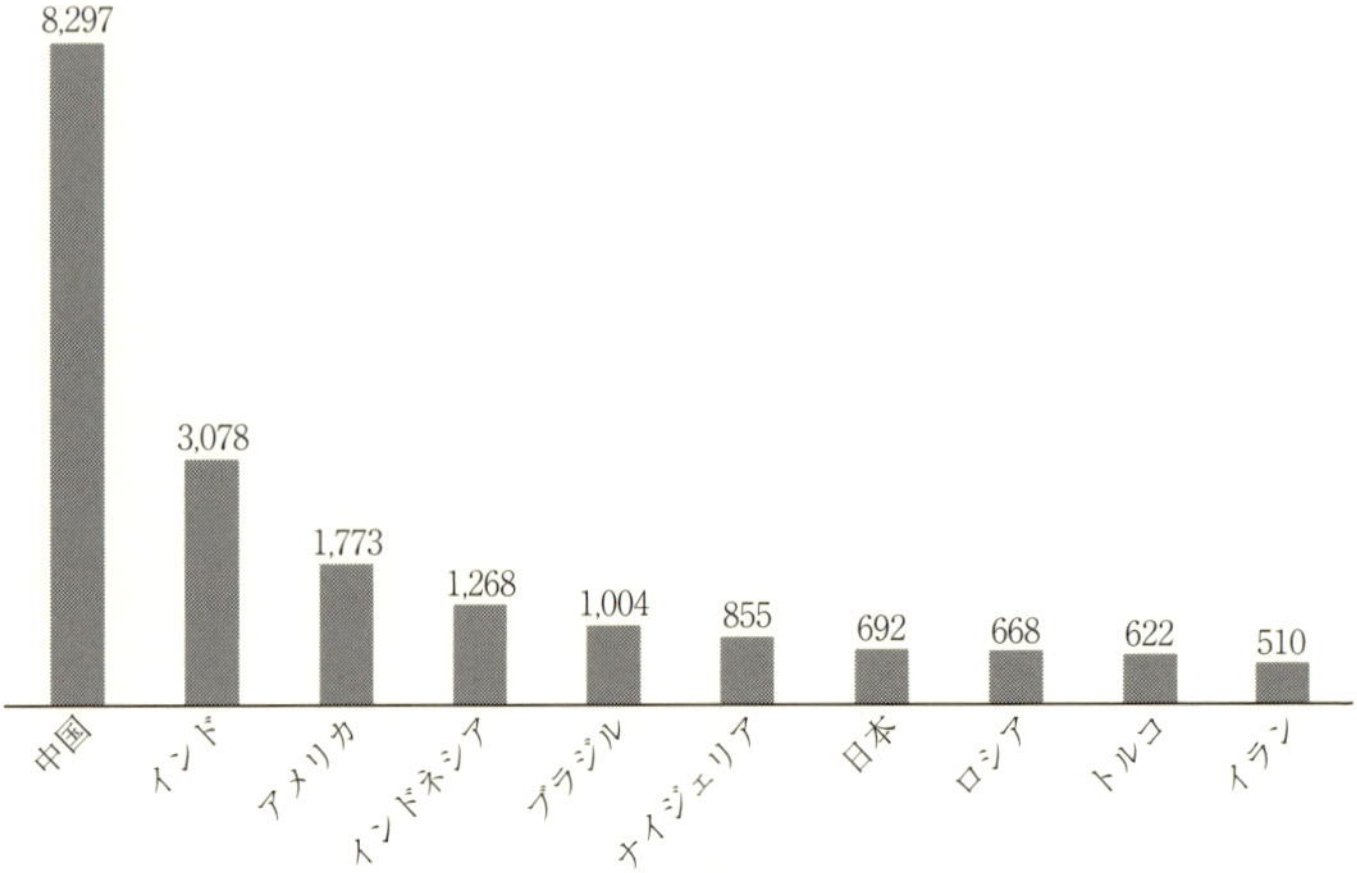

図7―1　農業生産金額（単位億ドル）

出所：グローバルノート―国際統計・国別統計専門サイト。

実は、日本は農業大国なのである。日本は、上位7％の超優良農家が全農産物の60％を産出しているのである。

表7―1は、我が国の昭和40年～平成17年の農業総生産額の推移である。

日本の国内農業生産額は2005（平成17）年時点で、826億ドル、8兆円相当の規模であった。ということは、食糧危機とか農家弱者論は、農水省によるでっち上げということになるのである。窮乏する農家、飢える国民のイメージを演出し続けなければ、農水省の仕事がなくなっているからであるかもしれない。

次の図7―2は、日本の農業生産額の推移である。米や野菜、畜産物を中心にして、昭和40年頃から次第に増加して、昭和60年から平成2年にかけてピークとなり、それ以降、米の減少を反映して、次第に減少している。しかし、野菜と畜産物の額は維持されている。

表７—１　我が国の農業総産出額の推移

（単位：億円）

	総額	米	野菜	果実	畜産物	その他
昭和 40 年	3.2	1.4	0.4	0.2	0.7	0.5
45	4.7	1.8	0.7	0.4	1.2	0.6
50	9.1	3.5	1.5	0.6	2.5	1.0
55	10.3	3.1	1.9	0.7	3.2	1.4
60	11.6	3.8	2.1	0.9	3.3	1.5
平成　2 年	11.5	3.2	2.6	1.0	3.1	1.5
7	10.5	3.2	2.4	0.9	2.5	1.4
12	9.1	2.3	2.1	0.8	2.5	1.4
17（概算）	8.5	2.0	2.0	0.7	2.6	1.3

（注）グラフ中の数値は，農業総産出額の総額である。
資料：農林水産省「生産農業所得統計」。

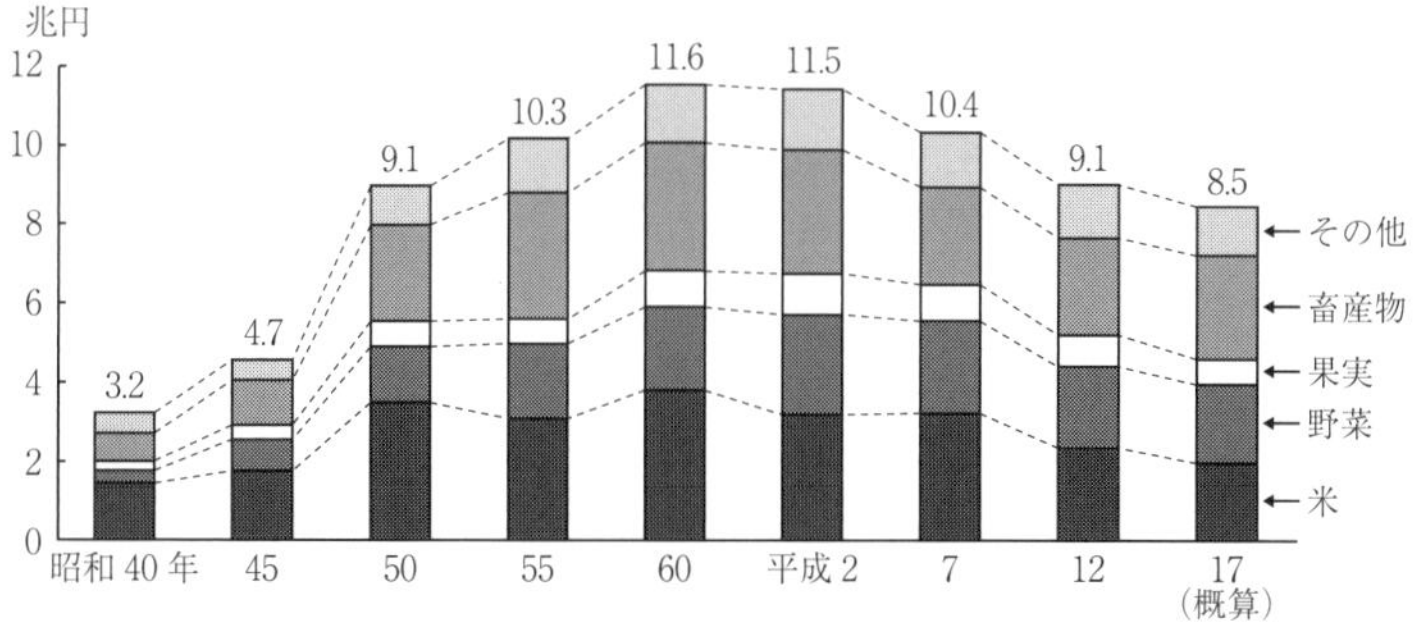

図７—２　日本の農業生産額の推移

（注）グラフ中の数値は，農業総産出額の総額である。
資料：農林水産省「生産農業所得統計」。

このように農林水産省が示す食料自給率の数字と、一般的な農業生産に関する数字とは、農業の実態に関する感覚がかけ離れているのである。

このことは、農水省が意図的に自給率を低く見せて、国民に食に対する危機感を抱かせようとしているとしか考えられないのである(2)。日本の農業に対する理解と認識を、自給率と絶対額の規模の2つの側面から改めなければならないのである。

1・1　農業を本業とする少数精鋭のプロ農家

「『明るい農村』はこう作る～長野県川上村の挑戦」で紹介された農家がある。かつては「信州のチベット」と呼ばれた高地でレタスを作り、東京市場の価格変動に機敏に対応した出荷を行って、607戸の農家が平均25百万円の野菜販売額を上げている。まさにプロ農家集団である。

アンケートの対象となった2566人の平均収入は343万円。うち、個人農場1314人の平均348万円、農業法人社員870人の平均が241万円、農業法人経営者870人の平均が560万円であった。

農業法人社員の241万円は、社員数5～9人の小企業における平均年収236万円とほぼ同程度の年収なのである。

個人農場主は、他業種であれば個人商店や個人企業に相当し、農業法人経営者は企業経営者に該当する。それぞれ他業種に引けをとらない年収を得ている実態が明らかになった。

プロ農業者が、日本の農業生産性を高め、食料供給を支え、農業大国の大黒柱となっているのである。

現在の日本の農業は、工業化により生産効率が高まり、少数精鋭の農家が効率よく農業をしているのである。

ＧＤＰのうち農業が占める割合は１・７％しかないのに、生産額は先進国の中ではアメリカに次ぐ2位なのである。農家の所得は平均年収３４３万円、年収３００万円以下を半数が占める一方、５００万円以上が2割を超える。農業法人経営者の最高は３６００万円である。個人農業の最高年収も１５００万円程度である。

2　食料自給率と日本農業の問題点

日本は自給率が低いと考える人が多い。図7―3のように、農林水産省の「食料自給率表」を見ると、カロリーベースでの平成28年度の自給率が38％であるからである。しかし、生産額ベースでの自給率は68％である。

カナダやオーストラリア、アメリカ、フランスのような輸出の多い国の自給率は１００％を超えていることがわかる。

このような認識の下で、政府の農業政策は、輸入を減少させて、国内生産量を増加させるという誤った採用をしているのである。本来、カロリーベース自給率の意味に問題があるの

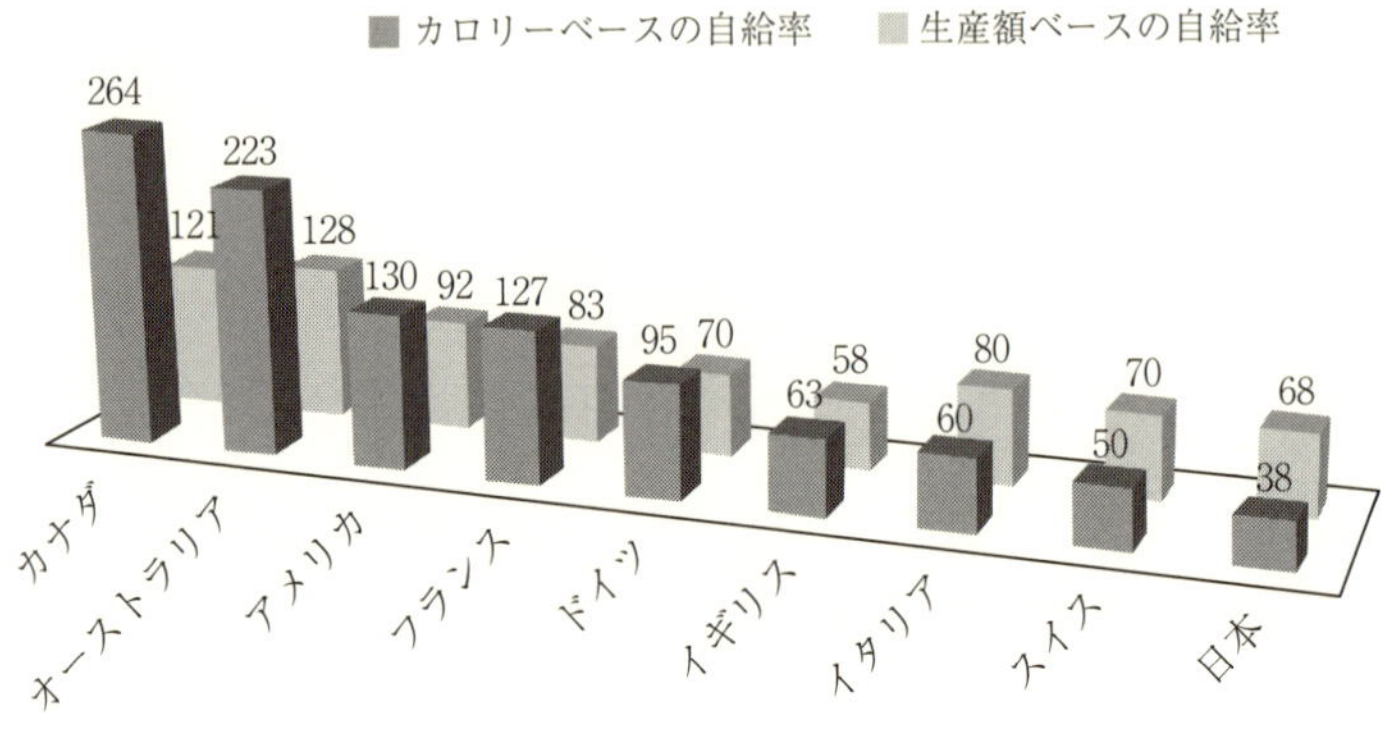

図7—3 食料自給率

出所：農林水産省「生産農業所得統計」。

であり、そして、政府の自給率を上げる政策方法に問題があるのである。

日本の農業は、生産額を比べると、中国、アメリカ、インド、ブラジルに次ぐ世界5位程度である。しかし、食料自給率が約36％しかないことが話題になる。

じつは、食料自給率の分母の中には残飯として捨てられた食料が含まれているのである。日本が世界一の残飯大国であることはよく知られている。その量は1900万トンで、世界の食糧援助量約600万トンの3倍以上である。

減反政策により、農家はお米の生産が抑えられ、かわりに野菜や果物などカロリーの低い農作物をつくるので、カロリーベースの自給率が低くなるのは当たり前である。その他にも、自給農家の生産した農作物が計算に入らないなどの問題が指摘されている。

なぜ農水省は自給率を低く見せたがるのか。それは、自給率が低いと、国民に危機意識を喚起させることができ、農水省や天下り先の仕事を増やせるからだと言われている。

2・1　大幅な農業生産性向上

お年寄りの農家が細々と田畑を耕していて、後継者もおらず、生産高は徐々に減っていき、いずれ日本農業は全滅してしまうと想像することは事実ではない。

日本の農業総生産高は、着実に増加しているのである。昭和35（1960）年の4700万トンから、平成17（2005）年の5000万トンへと300万トンの増産が実現されている。

農業従事者数は減少している。昭和35年約1200万人であったのが、平成17年約200万人と激減している。このように農業従事者数は6分の1と減少したが、生産高は増えているのである。ということは、一人当たりの生産性が6倍以上に向上しているということである。

「農業従事者の約60パーセントが65歳以上」というのは、お年寄りがいくつになっても元気で田畑を耕したり、あるいは兼業農家をやっていた会社員が定年後に晴耕雨読の生活に入るなどしているからである。喜ばしいことではあっても、心配すべきことではない。

昭和35（1960）年18万円、平成17（2005）年には約24倍438万円であり、物価変動分を差し引いても、5・2倍になっている。

一人の農業従事者が何人分の食糧を生産しているか、をカロリーベースで試算すると、昭和35（1960）年には7人分、平成17（2005）年には4倍超の30人も養える。農業従事者の減少は、生産性の大幅向上によって、一定規模の食糧生産に必要な人数が大幅に減った結果なのである。

農業生産性の向上によって、農家数と農業従事者数が大幅に減少するのは、先進国共通の現象である。過去10年の農家の減少率で見ると、日本は22パーセントだが、ドイツ32パーセント、オランダ29パーセント、フランスが23パーセントと、日本以上の減少率となっている。ということは日本の減少率は低すぎるのである。

同時に、他の本業で稼ぎ、家庭菜園を営むアマチュア農家が増加しているのである。日本の農業大国を支えているのは、高齢化した農家とは別の、少数精鋭の農業従事者である。

約200万戸の販売農家（面積30アール以上、または年間の農産物販売金額が50万円以上）のうち、売り上げ1千万円以上の農家はわずか7パーセントの14万戸しかないが、彼らが全農業生産額8兆円の6割を産出しているのである。

売り上げ100万円以下の農家が120万戸、6割も存在するが、彼らの生産額はわずか5パーセントに過ぎない。売り上げ100万円以下とは、耕作の目的はあくまで自家用やおすそ分け用であって、余った分を販売に回しているに過ぎないのである。彼らは国民全体の食生活を支える存在ではない。

民主党の「農業者個別所得補償制度」提唱は、平成22（2010）年に、5618億円もの予算が「個別所得補償モデル対策」として農家にばら撒かれた。その対象は、米を例に挙げると、180万戸ほどであった。そのうちの100万戸が1ヘクタール未満の農家で、農業所得は数万円からマイナス10万円程度であった。

この層の多くは役所や農協、一般企業で働いており、その本業で平均500万円ほどの収入がある。零細農家というよりも、本業で所得を稼ぎながら、家庭菜園で自家用やおすそ分け用を中心に耕作をしているアマチュア農家なのである。

アマチュア農家に、56百億円の税金をばら撒いても、食料自給率が向上するはずはないのである。

2・2　日本は食糧輸入大国ではない

日本の農産物輸入を、米英独仏の先進4カ国と比べてみる（2007年データ）。

輸入額は、米国747億ドル、ドイツ703億ドル、英国535億ドルであるのに対して、日本は460億ドルと第4位である。日本は主要先進国の中では少ない方なのである。

国民1人当たりの輸入額は、英国880ドル、ドイツ851ドル、フランス722ドルであるのに対して、日本は360ドルで、最も少ない米国は244ドルである。

1人当たりの輸入量は、ドイツ660キロ、英国555キロ、フランス548キロに対して、日本427キロであり、米国の177キロよりは高いが、決して輸入大国ではないのである。

先進5カ国の中で、日本の生産高は826億ドルと米国に次いで第2位であり、輸入高では４６０億ドルと、生産高の半分強で第４位である。

3　日本の農業と食料自給率

３・１　食料自給率

日本の国内消費額は、２００７年度において15兆９４１億円で、生産額ベース総合食料自給率は次のように計算される。

$$生産額ベース総合食料自給率(3)=\frac{国内生産額}{国内生産額+輸入額-輸出額}$$

$$=\frac{10兆37億円}{10兆37億円+5兆902億円}\fallingdotseq 63.7\%$$

生産額ベース総合食料自給率は、米国、フランスに次いで３位の63・７％である。米国やフランスは、輸出額が輸入額よりも多いから自給率が高いのである。

もし、日本の食糧輸出額が２兆円になったと仮定すると、日本の国内消費額は15兆９４１億円のままで、日本の生産額ベース総合食料自給率は79・95％となるのである。

$$食料自給率=\frac{12兆37億円}{12兆37億円+5兆902億円-2兆円}=79.95\%$$

日本の農業は、輸出額を増加させることによって自給率を上げることが可能なのである。

さらに、日本の食糧輸出額が輸入額と等しい5兆902億円になったと仮定すると、日本の国内消費額は15兆941億円のままで、日本の生産額ベース総合食料自給率は100％となるのである。

$$\text{食料自給率} = \frac{17\text{兆}939\text{億円}}{17\text{兆}939\text{億円} + 5\text{兆}902\text{億円} - 5\text{兆}902\text{億円}} = 100\%$$

食料自給率とは、国内生産額のうちどれだけが自国内で消費されているのかという指標でしかないのである。豊かな国は、多くの食材を海外に求める結果として、食料自給率が低下する傾向が生じるのである。それを埋め合わせるためには、より多くの食料を海外に輸出することこそが自給率を上昇させる政策なのである。

極貧国の食料自給率は100％

極貧国の食料自給率は、常に100％であることに注意しなければならない。極貧国は、食料がなくても外貨を稼ぐ輸出産業がないために、食料を輸入する術を持たないからである。

4　農業改革の方向

4・1　農協法改革

２０１5年8月、政府は、農業分野に外国資本の参入も可能となる農協法改革を行った。この改革の趣旨は、①農家保護団体「全中」を解体し、個別農家、単位農協を解体することである。次に、②農業委員会の委員を首長専任制として、農業以外の大企業もそこに参加させることである。③農協の要件を緩和し、株式保有者の利益、外資の参入を可能にするように「自由化」するのである(4)。

将来の発展が見込まれる農業に対する、新しい政策なのである。農業以外の資本と外国の資本に日本の農業を開放するという、新しくてリスクの大きな政策を政府は採用したのである。

4・2　米と米作

米については、食生活の多様化等により、1人1年当たり消費量が、昭和37（１９６２）年度の１１８・３kgから、平成20（２００８）年度には59・０kgと半減した。これに伴い、国内生産も減少を続け、平成21（２００９）年産の作付面積は１６２万ha、生産量は８４７万

tにまで減少している。

米の需要量は、高齢化や人口減少に伴い、今後さらに減少する可能性がある。このため、米の消費拡大を図る一方、需要に応じた主食用米の作付け・生産に努めていく必要があるのである。

また、水田を有効に活用して食料の安定供給の確保を図るため、米粉用米・飼料用米等の生産増や、水稲と麦等の組合せによる二毛作の推進が重要である。

外食・中食（弁当、レトルト米飯、冷凍米飯等）での消費が増加傾向にあることから、これら事業者等の多様なニーズに適した品種の生産・流通等の対応が重要な課題である。

4・3　国内の農業の動向

農業産出額の動向を地域別にみると、米が主要部門である東北、北陸、近畿、中国地域では特に減少率が大きく、畜産や野菜等が主要部門である北海道、九州地域等では減少率が小さくなっている状況がある。

他方、平成2（1990）年から平成21（2009）年の間で、生鮮食品を除く総合の消費者物価指数は7・3％上昇し、勤労者世帯の可処分所得は2・8％減少するなどの中で、消費者世帯の米、生鮮野菜、生鮮果物等の購入価格は大きく低下し、消費者に大きな便益を与えている。

農産物価格の低迷は、将来的には国産農産物の生産減、価格上昇等を招いたり、農業・農村の持つ多面的機能の発揮を脅かしたりするおそれもあり、今後、このような便益と影響を踏まえて、国民全体で農業・農村を支えていくようにしていくことが重要である。

４・４　種子法廃止

種子法（主要農作物種子法(5)）廃止は、２０１６年９月に規制改革推進会議で提起され、都道府県や農家への説明もなく、２０１７年３月に唐突に国会を通過し、２０１８年４月１日から施行されている。

日本政府は、種子法は「すでに役割を終えた」「国際競争力を持つためには民間との連携が必要」などの根拠のない理由を説明している。ここで民間企業とは、日本ではサカタやタキイがあるが、人類の未来にとって問題の多い遺伝子組み換え作物を大量生産しているアメリカのモンサント社やデュポン社などの外資も関係がある(6)。

種子の寡占化の問題

以下は、２００７年と２０１１年の世界の種子生産企業のシェアである。

		２００７年	２０１１年
１位	モンサント（アメリカ）	23％	26％
２位	デュポン（アメリカ）	15％	18・２％
３位	シンジェンタ（スイス）	９％	９・２％

4位　リマグレイングループ（フランス）　6％
5位　ランド・オ・レールズ（アメリカ）　4％
6位　KWS　AG（ドイツ）　3％
7位　ハイエルクロップサイエンス（ドイツ）　2％
8位　サカタ（日本）　2％以下
9位　DLF（デンマーク）
10位　タキイ（日本）　1.6％

出所：主要農作物種子法廃止について（2007年）。

種子法が「役割を終え」て、「国際競争力をつける」ために、日本国内の種子が有力な外資系に独占される方向になることは当然、予想されることである。

モンサント社の問題

モンサント・カンパニーは、農業の生産性と食料品質の向上を目指し、化学・種子・バイオテクノロジーを用いた統合的な技術と農業関連製品を提供する、農業バイオテクノロジーのリーディングカンパニーである。

日本が農業を拡大して行くときに、このモンサント社との間に特許紛争が生じると危惧する人が多い。

例えば、モンサント・カンパニーの遺伝子組み換え（GM）作物は食べて安全なのだろうか？

この疑問に対して、日本モンサント株式会社は、遺伝子組み換え食品の国際的な安全性評価基準に基づいて国が評価を行い、安全性が確認され、認可された遺伝子組み換え作物だけが流通しており、遺伝子組み換え作物の商品化は、法律に基づいて行われている、と答えている。

すなわち、食品としての安全性について、モンサント社の主張を要約すると、〝国際的な安全基準のもとで管理されている遺伝子組み換え作物のみが流通しているため安全〟ということである。

遺伝子組み換え作物をめぐっては、反対派が健康被害などのリスクを訴え、国や企業の調査機関がそれを否定する、というサイクルがここ数年続いているが、遺伝子組み換え作物によって健康被害がもたらされた事例は、現在のところない。

遺伝子自体が、突然変異等を繰り返して変化を続けているもの。そこに〝人為的な変化〟を加えた場合に、危険性が高まるのかということが論点なのである。結論は、以下のように賛否両論である。

【無害】人為的な変化であっても、所詮、遺伝子の変化なので、有害性はない。これまでも実例はない。

【有害】自然に起こりえない変化のため、危険。

【注】

(1) 品目の重量を使用する。

(2) ということは、どうすれば楽をして儲けられるか、いかにして省や天下り先の利益を確保するかという自己保身的な考え方で、農水省が農業政策を取り仕切っているとしか考えられないのである。

(3) 農林水産省「生産農業所得統計」33頁、図表6、生産額ベース総合食料自給率の数式。

(4) 竹中式構造改革・規制緩和路線である。

(5) 種子法とは正確には主要農作物種子法と呼ばれ、稲、麦、大豆の種子の開発や生産・普及を都道府県に義務づけたものである。この法律の下、それぞれの都道府県は試験研究の体制を整備して、地域に適した品種の開発と「奨励品種」の指定や種子の審査、遺伝資源の保存などを行ってきたのである。

(6) 今日では、日本国内の種子の自給率は10%もないというのが現実である。

第8章 投機と先物市場

投機とは、有価証券や商品の市価・変動を予想して行う売買取引である。

1 世界最初の先物取引市場を創った大坂堂島の米相場

江戸時代、大坂堂島新地に米相場の市場が開かれた(1)。享保16（1731）年、米仲買に株が許されて後、米仲買、両替屋、蔵屋敷が、蜆川、堂島川間の砂州に集中した。とりわけ浜通一丁目の米相場が有名になった。

米100石単位の延べ売買を行う帳合米《ちょうあいまい》商内と、米切手による正米《しょうまい》市、小口の取引である虎市《とらいち》も立ち、米方年行司を選んで取締りを行った。この堂島米市場は1730年、世界最初の先物市場を持った市場となった。明和8（1771）年、米会所ができ、明治以後は大阪堂島米商会所に引き継がれた。

徳川吉宗は、1728年に帳合米取引（延売買・投機取引）を公認した。延売買とは、売買契約と商品受渡し、さらに代金決済との間に一定の時間的間隔を置くことが行われるようになったことを言い、これを延売《のぶうり》・延買《えんかい》という。このような取引が発達すると、未決済のままで順次転売することも可能になり、商人が投機を目的に行う空売《から》買をさす用語にもなった。

1720年代の徳川吉宗の時代、先物取引に対して、庶民も武士も疑いの目で見ていた。なぜならば、金融取引は財貨としては何も生み出さないからである。人々は、「商人や金融業者は労働もしないで」稼いでいるという目でみていたのである(2)。

もう1つの理由は、金融家がお金持ちになるのを見て、彼らは何か悪いことをやっているのではないか、と人々は思っていたのである。そして、この時代の人々は、リスクマネジメントとギャンブル(博打)を区別することは困難であり、先物取引のような取引形態は、1720年代後半までずっと禁じられていたのである。

このように金融業者が一般の人々や武士から信用されていないので、米不足や価格急騰などが起こると批判の的になったのである。

近代的金融システムが形成されるためには、金融商品(Instrument)、金融仲介機関・販売代理人(Intermediaries)、そして金融制度(Institutions)が必要なのである。この江戸の堂島の時代には、この3つのiが揃っていたのである。

今日、世界を代表する先物市場は、シカゴ・ボード・オブ・トレード(CBOT; Chicago board of trade)である。ここのルーツは、江戸時代の享保15(1730)年、世界初の先物取引所を開設した大坂堂島米会所なのである。CBOTの見学者には「この取引所のルーツは日本の先物取引所であり、大阪が発祥の地である。私たちの市場は世界で最初に整備された日本の市場を参考に開設されました。」という解説が流されているそうである。

2 投機は損をするという説明

経済学では、完全競争・純粋競争のもとで実現する市場均衡は、自然率（長期均衡状態）によって決定されると考える。すなわち、均衡価格は「他の条件にして等しき限り」、自然率で決定される一定の均衡価格水準に安定的に収斂すると考えるのである。

このような市場均衡の存在と、その均衡状態への速やかな回復を前提とすると、「投機は必ず失敗する」ことが説明される。

いま、将来の価格上昇を見越して投機目的である財の購入を行う場合、その財の市場価格は自然価格の水準よりも上昇することになる。また、この購入した財をある時点で販売しようとすると、その財の価格は自然価格の水準よりも低下することになる。このように実需ではなく投機を目的に、ある財の売買を行う場合は、この投機家は自然価格よりも高く購入し、自然価格よりも安く販売しなければならないために、「投機は必ず失敗する」という結論が得られるのである。

以上の議論から、経済学では投機は必ず失敗すると教えていた。実は、固定相場制度から変動相場制度へ移行する時期に「投機が為替相場の不安定性の原因になる」という議論が起こった。しかし、変動相場制度支持者たちは「投機は必ず失敗するから、為替相場の不安定要素にはならない」と説明していたのである。

3　投機は儲かる

このような説明は、1つの均衡状態と他の均衡状態での取引を比較する「比較静学分析」である。図8—1で理解できるように、それぞれの均衡状態において「高く買って、安く売る」ことになるという説明から、投機は必ず損をするという結論が得られる。

視点を変えて、ある均衡状態から他の均衡状態への移行過程において、「安く買って、高く売る」ことに成功するならば「投機は必ず儲かる」と言うことができる。すなわち、図8—2のように、市場価格が上昇する初期の段階で安く買うことができて、しかも、市場価格が下落する前の段階で高く売ることができれば、「投機は必ず儲かる」ことが説明される。

このように投機が儲かるものであるためには、市場価格の上下変動についての予想を正しいものとする必要がある。そ

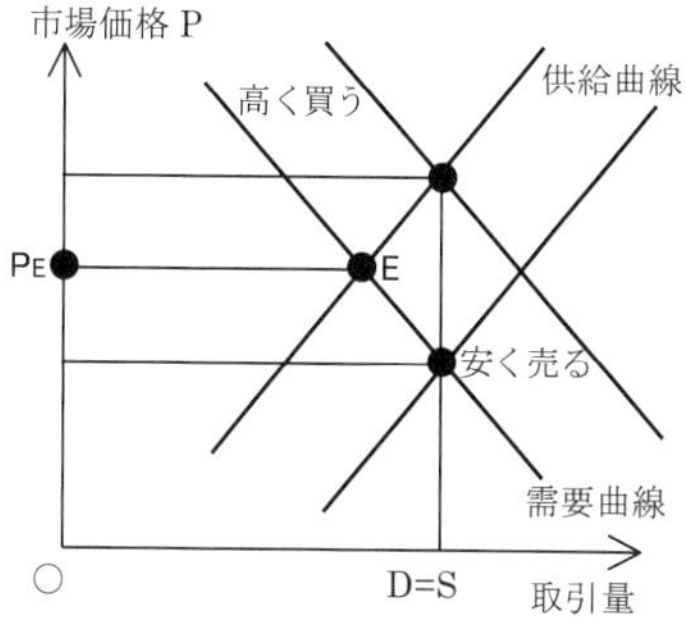

図8—1　投機が失敗するケース

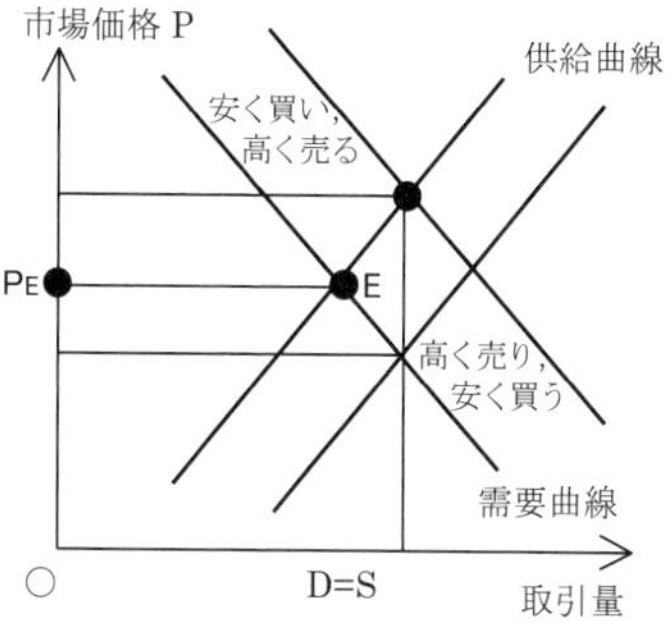

図8—2　投機が成功するケース

のためには、市場の動向についての正しい情報とその状態に対する正しい判断、そして、投機家の情報力・予想力・分析力と運であると言うことができるであろう。

しかし、ある特定の市場において、その投機家の取引量の割合がかなり大きなシェアを占めることができるならば、その財の市場価格の変動を演出することが可能になるのである。しかし、そのためにはかなり大きな資金量が必要となる。

レバレッジと投機の成功

限られた資金量を背景に、その数十倍の資金を動かすことを「レバレッジの原理」（梃子の原理）と言う。この「レバレッジの原理」を用いることで、一定の率（例えば５％）の保証金によって、その一定率の逆数の大きさ（20倍）の資金を動かすことが可能となる。

変動相場制度において、レバレッジによって巨額の資金を用意することが可能となったヘッジファンドは、この資金を利用して為替先物相場に介入し、為替相場を自由に変動させることで巨額の富を獲得するようになったのである。

4　相場の動きと美人投票―ケインズの美人投票

他の投資家が市場の動きを相殺するような投資活動を行えば、恣意的な相場の変動をキャンセルすることが可能である。しかし、市場参加者が必ずしもよいと思っていない方向に相場が行ってしまう可能性がある場合でさえも、その相場の動向に逆らうことは大損をすることを意味しており、その動向に従うことによって損を避けることができる。あるいは市場の趨勢に追随することで利益を得ることができるという場合もある。

長期的な相場の動向としては正しい方向がどちらかということがわかっていても、短期的には逆の、必ずしも正しくない相場の方向に市場参加者がみな追随してしまうということになる場合がある。たとえ投機家が長期的には正しい相場を読んでいても、このような短期的な相場の逆方向への変動において損をしないためには、常に相場の動きを見ていなければ大損をすることになる。このような相場の恣意的な動きがあれば、いち早くその動きに対応して手を打った方が、損害を少なくすることができるのである。あるいは、この短期的な相場の変動を利用して利益を得ることができるわけである。

J・M・ケインズは『雇用、利子及び貨幣の一般理論』の第4編「投資誘因」第12章「長期期待の状態」において、相場においてはこのような傾向があることを「美人投票の例」を挙げて次のように説明している。

「玄人筋の行なう投資は、投票者が100枚の写真の中から最も美しい6人を選び、その選択が投票者全体の平均的な好みに最も近かったものに賞品が与えられるという新聞投票に見立てることができよう。この場合、各投票者は彼自身が最も美しいと思う容貌を選ぶのではなく、他の投票者の好みに最もよく合うと思う容貌を選択しなければならず、しかも投票者のすべてが問題を同じ観点から眺めているのである。ここで問題なのは、自分の最善の判断に照らして真に最も美しい容貌を選ぶことでもなければ、いわんや平均的な意見が最も美しいと本当に考える容貌を選ぶことでもないのである。われわれが、平均的な意見はなにが平均的な意見になると期待しているかを予測することに知恵をしぼる場合、われわれは三次元の領域に到達している。さらに四次元、五次元、それ以上の高次元を実践する人もあるとわたしは信じている。」（J・M・ケインズ『雇用、利子及び貨幣の一般理論』塩野谷祐一訳、154頁）

ここで、投票者自身が「最も美しいと思う容貌」というのが、彼が説明する「正しい相場」であり、「平均的な意見が最も美しいと本当に考える容貌」というのが「実現すべき正しい相場」あるいは「長期的な動向としての正しい相場」であるとするならば、「平均的な意見」とは必ずしも正しい相場ではなく、賞品を得ることができるという意味で正しい相場＝「実現する相場」であるということになる。その賞品というのが、短期的な相場の読みが当たったことから得られる利益ということである。

最終的には、長期的に正しい相場が実現するのであるから、正しい相場に対して投資を行う人が最終的には相場に勝つということにはならない。すなわち、このように特定の一部の人が、外国為替市場と株式市場を自由に操ることによって莫大な利益を得るということは阻止できないのである。

ケインズは「最善の真の長期期待に基づいて投資物件を継続して買っている熟練した個人は、長い間には他の遊戯者たちから確かに大きな利益を獲得するに違いない」ということはないと、次のように説明している。

「（最善の真の長期期待に基づいて投資物件を継続して買っている熟練した）彼らの影響力が遊戯に耽っている人々を凌ぐかどうかは投資市場に大きな相違をもたらす、と。しかし、われわれは同時に、現代の投資市場においてそのような人々の優勢さを危うくするいくつかの要因があることを付け加えなければならない。真の長期期待を基礎とする投資は今日ではきわめて困難であって、ほとんど実行不可能となっている。それを企てる人は確かに、群集がいかに行動するかを群集よりもよりよく推測しようと試みる人に比べて、はるかに骨の折れる日々を送り、はるかに大きな危険を冒さなければならず、同等の知力をもってするなら、彼はいっそう悲惨な間違いを犯すことになろう。社会的に有益な投資政策が最も大きい利益を生む投資政策と一致するという明白な証拠は、経験からは得られない。仲間を出し抜くよりも、時間の圧力と将来についてのわれわれの無知の圧力を打破する方がいっそう多くの知力を必要とする。その上、人生はあまり長いものではない。」（J・M・ケインズ『雇用、利子及び貨幣の一般理論』塩野谷祐一訳、154～155頁）

すなわち、最善の真の長期期待に基づいて投資物件を継続して買っている熟練した投資家は、巨額の資金によって短期的な投資で利益を得ようとする今日の遊戯者にはかなわないということになるのである。

最善の熟練した投資家が遊戯者に負けるというのは、何だか残念な気がするであろうが、実は、それこそがケインズ自身の経験でもあった。今日、経済は建前としては国家によって管理されているが、外国為替相場などは、実際には個人あるいはヘッジ・ファンドのグループによって翻弄されているという場合があるのかもしれないのである。

【注】

（1）最初は、淀屋に町人蔵元が集って米市を立てて相場を争っていたが、元禄9（1696）年、淀屋闕所《けっしょ》の後、この地に米市場が移った。

（2）18世紀初頭、商人が米取引で豊かになったのを見て、武士は商人を疑いの目で見ていた。

第9章　国際貿易理論と現実

1　絶対優位

リカードの比較生産費説に基づくと、国際貿易の理論においては、ある財の生産費が他の国における生産費よりも高くなるとき、国内で生産するよりも海外から輸入するほうが資源の節約になることが説明される。本章においては、この価値基準の下で、ある財の生産が他の国における生産費よりも低くなるときには、その国はその当該財について「絶対優位」を持ち、この財が海外に輸出され、それと交換に「絶対劣位」の財を輸入することによって利益があると説明される。

国際貿易についての第1の関心は、どのような財がどれだけ輸出されるか、あるいは輸入されるかという問題である。

「絶対優位の理論」においては、貿易される財の種類とその量は、国内市場と国外市場におけるその財の内外価格差によって決定されると考える。すなわち、それぞれの財の生産費用、流通費用、各種の流通マージンを考慮した市場価格について、その国際間の価格差が貿易される財の種類と数量を決定する要因であると説明される。

輸送費用の扱いについての注意

この貿易のための諸費用が、海外の企業に支払われる場合には、サービスの輸入ということになる。しかし、この貿易のための諸費用の支払いが、わが国の企業によるサービス提供に対して行われる場合は、国内取引による利益として計算される。

この大きさは、ＣＩＦ（Cost, Insurance and Freight：シフ）と言われ、運賃・保険料込み条件である。ＣＩＦによる貿易契約では、輸出者は、荷揚げ地の港で貨物を荷揚げするまでの費用（運賃、海上保険料等）を負担し、荷揚げ以降の費用（輸入関税、通関手数料を含む）は輸入者の負担となる。しかし、危険負担は、貨物が積み地の港で本船に積み込まれた時点で移転する。日本の貿易統計では、輸出はＦＯＢ（free on board：本船渡し）価格、輸入はＣＩＦ価格で計上されている。一方、国際収支統計では、輸出も輸入もＦＯＢ価格で計上するため、国際収支統計を作成する際には、貿易統計の輸入額から運賃、保険料などを控除することが必要である。輸送業者や保険業者が国内の業者であるときは、輸送費用分は国内取引に対応し、輸送業者が海外の業者である場合はサービス収支の支払（輸入）に対応するのである。

以下では、輸送費用については考慮しないこととして、議論を進める。

貿易財の定義

P_iを第i財のわが国での市場価格、P_i^*を第i財の外国での市場価格とする。わが国にとって第i財が輸入財であるか輸出財であるかは、国内での市場価格と外国での市場価格との価格差によって決定されることになる。ここで、e_0を邦貨建ての為替相場(1)として、＊を外国での外貨建て市場価格を表す記号として使用する。

すなわち、$P_i \geqq e_0 P_i^*$の条件を満たす第i財は、外国市場での価格の方が安い財であり、輸入財である。逆に、$P_j \leqq e_0 P_j^*$の第j財は、国内の市場価格の方が安い財であり、輸出財である。自国は、この輸出財である第j財に関して絶対優位を持つと言う。

2 輸入財市場

この節では、輸入財市場について考える。輸入財の外貨建て価格P_i^*が、世界市場において決定されているとする。我が国の経済は世界経済と比較して小さい規模であり、世界市場において我が国の貿易規模が価格影響力を発揮できないほど小さな規模であるという場合を「小国の仮定」と言う。

この「小国の仮定」を前提として、輸入価格と輸入数量の決定について考える。ここで、輸送費用としての輸送費や倉庫料、入管手続き料、保険等の貿易費用の存在を無視して、輸入財市場について考える。

次に、輸入による消費者余剰と生産者余剰とその両者の合計である社会的余剰の変化を分析して、「輸入による貿易利益」の大きさについて考える。さらに、為替相場の変化が輸入財市場に与える影響について説明する。

2・1　輸入量と輸入額の決定

第i財が輸入財であるための条件は、この財を海外から輸入したときに利益があるということである。すなわち、貿易開始以前の国内価格（$P_i^0=CE$）を基準にして、その財の海外市場での購入価格P^*_iが、同じ財の国内価格P^0_iよりも低いか少なくとも同一価格でなければならないということである。

以上の条件をまとめると、第i財が輸入財であるためには、国内市場価格と世界市場価格との間に、次の（9・1）式が成立することが必要である。ここで、国内通貨建ての為替レートをe_0とする。

$$P_i^0 \geqq e_0 P_i^* \qquad (9 \cdot 1)$$

このような場合、第j財について外国が絶対優位を持ち、わが国は第i財について絶対劣位にあるという。また、「輸入財」とは「輸入された財」という意味だけではなく、輸入されている財と同様の財が、国内市場においても生産され取引されているという意味であることに注意しなければならない。

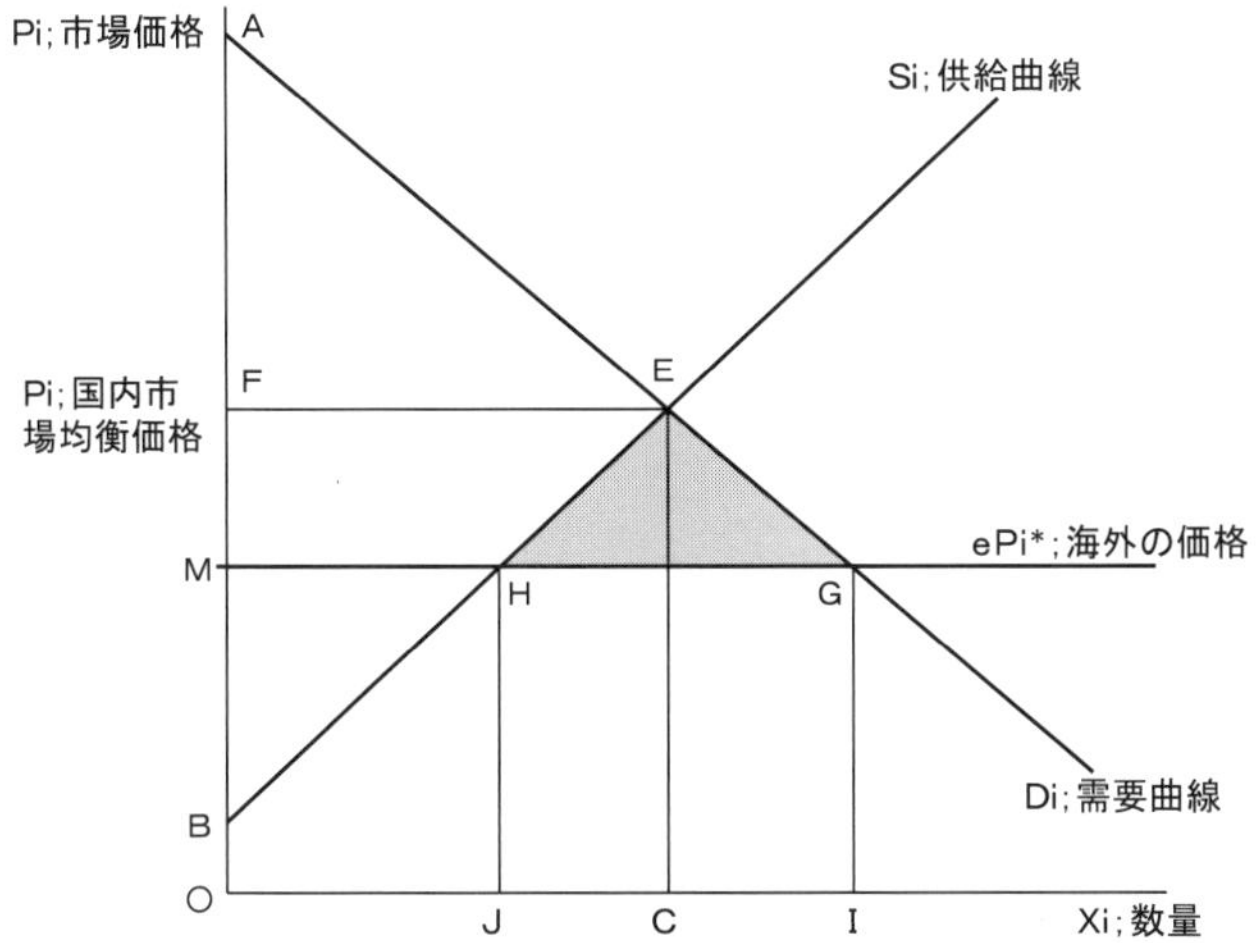

図9―1　輸入による貿易利益

輸入財の市場均衡の説明は、図9―1のように描くことができる。この図の右下がりのD_i曲線は国内の需要曲線であり、右上がりのS_i曲線は国内の供給曲線である。この財市場の貿易が行われない場合の国内の市場均衡点は、点Eで表される。

「小国の仮定」より、輸入財価格は一定の価格でいくらでも輸入可能であるとする。

この輸入財について、「小国の仮定」より、海外からの供給の価格弾力性は無限大であり、水平の直線として描かれる。P^*_iの輸入価格のもとでどれだけの数量でも海外から輸入可能であるとき、供給曲線は水平に表されるという意味である。この財の市場均衡点は、図9―1において点Gになる(2)。

2・2　輸入による貿易利益

図9―1において、国際貿易が行われない場

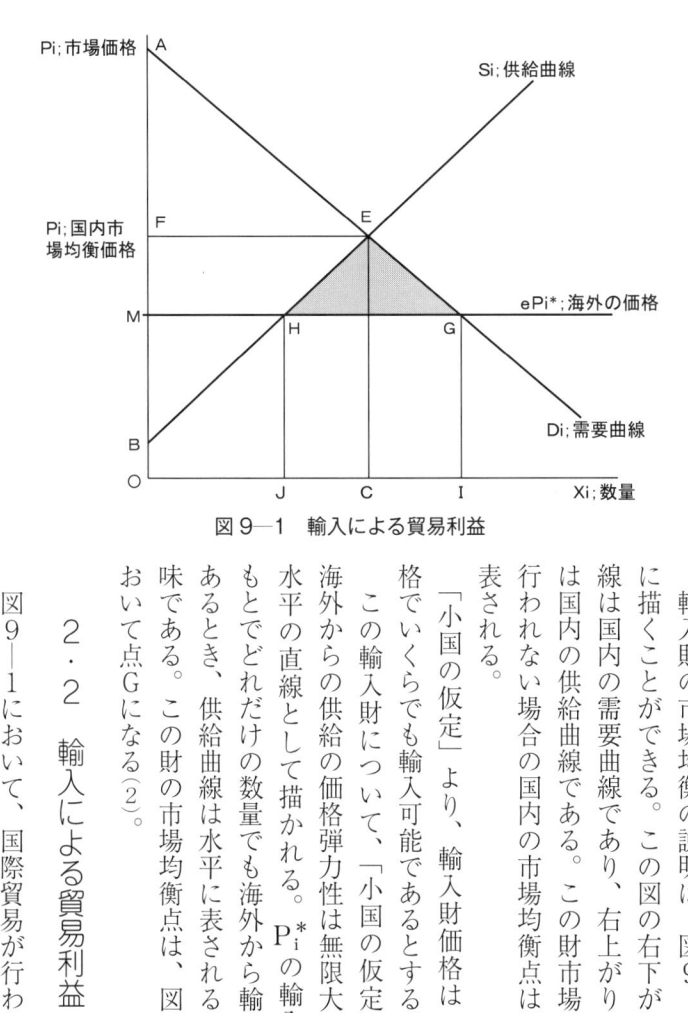

合のこの第ｉ財の国内市場における市場均衡点は点Ｅであり、このときの消費者余剰は三角形ＡＥＦ、生産者余剰は三角形ＢＥＦ、消費者余剰と生産者余剰の合計である社会的余剰は三角形ＡＢＥによってそれぞれ表される。

国内市場価格がP_i^0(＝OF)であり、国際市場価格が$e_0P_i^*$(＝OM)であるとき、この財は輸入財であり、その輸入量はHG(＝JI)で表される。輸入額は四角形ＪＨＧＩであり(3)、国内の輸出財産業の生産量は、貿易が行われない場合の生産水準ＯＣと比較して、貿易が行われることによってＯＪの水準に減少する。国内の需要量は、貿易が行われない場合のＯＣから、貿易が行われることによってＯＩに増大する。

消費者余剰は、輸入以前の三角形ＡＥＦから、この財をより安く購入できるようになったことを反映して、三角形ＡＧＭに増加する。生産者余剰は、輸入以前の三角形ＢＥＦから、市場価格が低下したことを反映して、三角形ＢＨＭに減少する。この財の輸入によって、生産者は迷惑をこうむることが説明される。

社会的余剰はこの財の輸入によって、三角形ＥＨＧだけ増加していることが説明される。この三角形ＥＨＧは「輸入による貿易利益」と呼ばれる(4)。

現実的な説明

現実的な貿易論として考えるならば、国内で生産されているにもかかわらず海外輸入される理由は、海外製品の方が質が良いとか、極端に安いので、輸入商品を消費することによって節約されたお金を、他の用途に使用したいという気持ちから輸入するという場合が多いと考えられる。しかし、経済学の前提は、同量・同質の財の価格は同一であるということであるから、以上のような説明になるのである。

3 輸出財市場

この節では「小国の仮定」を前提として、輸出財市場について考える。最初に、輸出財の価格が世界市場において決定されていることから、輸出数量と輸出額の決定について考える。次に、輸出による消費者余剰と生産者余剰とその両者の合計である社会的余剰を分析して、「輸出による貿易利益」の大きさについて考える。さらに、為替相場の変化が輸出財市場に与える各余剰の変化の影響について説明する。

3・1 輸出財の定義、輸出量・輸出額の決定

輸出財の市場についての説明は、図9—5のように描くことができる(5)。この図の右下がりの直線D_jは国内需要曲線であり、右上がりの直線S_jは国内供給曲線である。国際貿易が行われない場合の国内の市場均衡点は、両曲線の交点である点Eで表される。

ここで、第j財が輸出財であるための条件は、この財を海外に輸出したときに利益があるということである。すなわち、貿易開始以前の国内価格P_j^0(＝CE)を基準にして、国内通貨

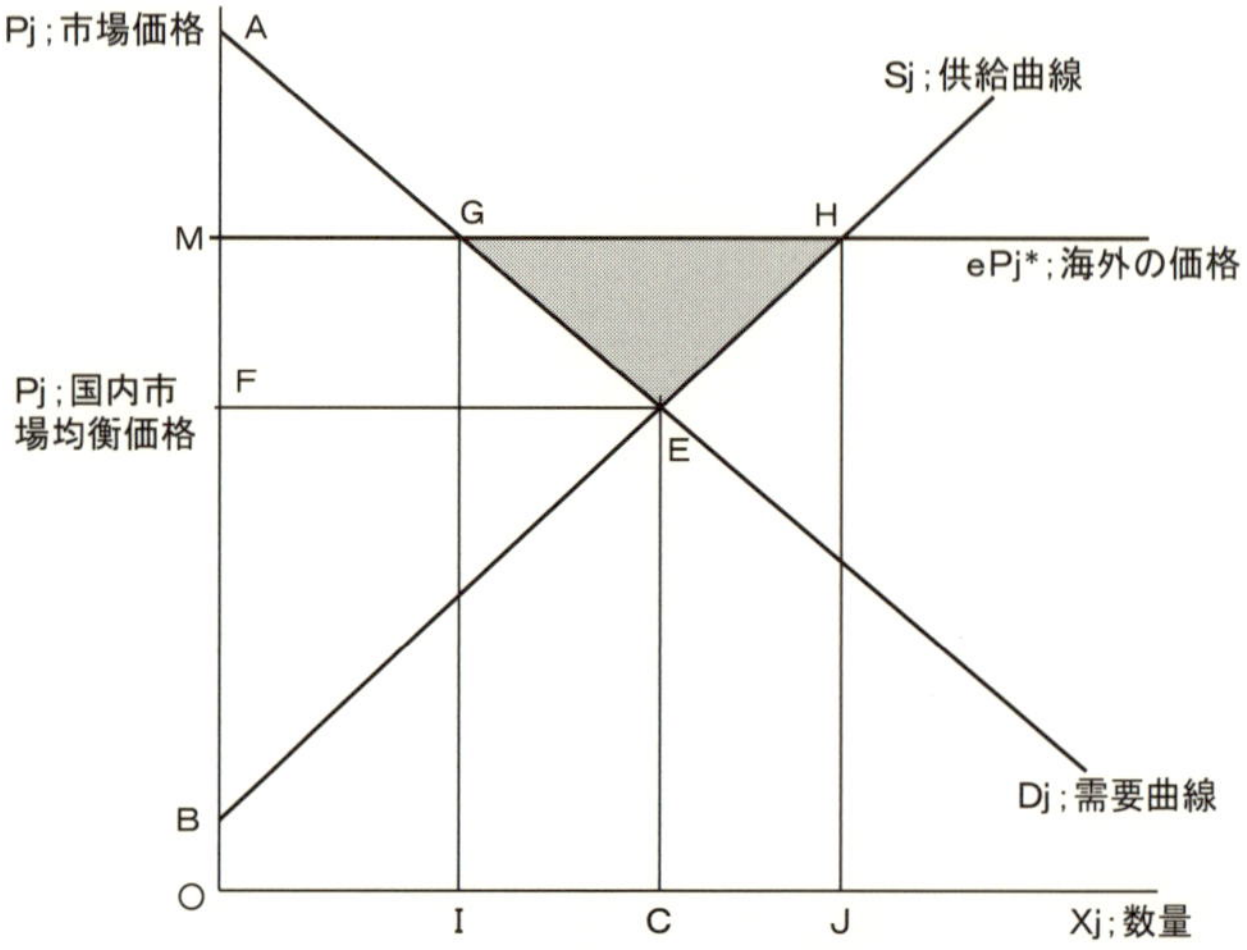

図9—2　輸出による貿易利益

建ての一定の為替相場をe_0とする。その財の海外市場での販売価格P^*_jから、輸出のために必要な諸費用と輸送費用を控除して決定される企業の輸出代金の受け取り価格を為替相場で換算した価格e_0P^*が、同じ財の国内価格P^0_jよりも高いか少なくとも同一価格でなければならないということである。

すなわち、第j財が輸出財であるためには、国内市場価格P_jと世界市場価格P^*_jとの間に、次の（10・2）式の関係が成立することが必要である。

$$P_j \leqq eP_j^* \qquad (10\cdot2)$$

この場合、わが国は第j財について、絶対優位を持つと言う。また、「輸出財」とは「輸出される財」という意味だけではなく、輸出されている財と同様の財が国内市場においても消費・取引されているという意味であることに注意しなければならない。

3・2　輸出による貿易利益

図9―2において、国際貿易が行われない場合のこの財の国内市場における市場均衡点は点Ｅであり、国内価格はP_j^0(＝OF)である。このときの消費者余剰は三角形ＡＥＦ、生産者余剰は三角形ＢＥＦ、消費者余剰と生産者余剰の合計である社会的余剰は三角形ＡＢＥによってそれぞれ表される。

この財が輸出財であり、その国内価格がeP_j^*(＝OM)であるとき、この財の輸出量はＧＨであり、輸出額は四角形ＩＧＨＪである。国内の輸出財産業の生産量は、貿易が行われない場合の生産水準OI(＝MG)からOJ(＝MH)に増加しており、生産者余剰は三角形ＡＥＦから三角形ＢＥＦに増加している。また、国内の需要量はOC(＝FE)からOI(＝MG)に減少しており(6)、消費者余剰は三角形ＡＥＦから三角形ＡＭＧに減少しているので、この財の輸出によって消費者は迷惑をこうむることが説明される。しかし、社会全体の余剰は、三角形ＡＢＥからこの三角形ＡＭＧの分だけ増加していることから、この三角形ＡＭＧを「輸出による貿易利益」という。

より現実的な説明

現実的な貿易論として考えるならば、国内で生産されている財が海外に輸出される理由は、海外製品市場でより質の劣化した製品がより高い価格で販売されているというのが動機である。あるいは、海外での生産が間に合わないから輸出が求められているという場合である。あるいは、我が国の商品の質が良いからとか、我が国の商品が極端に安いので、輸出商品として利益を上げることが可能であるという場合である。この結果、国内の消費者は、市場価格の上昇によって余剰が減少することになるのである。

しかし、経済学の前提は、同量・同質の財の価格は同一であるということから、以上のような説明になるのである。

4 鄭芝龍の長崎貿易と情報の独占

鄭芝龍

中国の明の時代の海商（海賊）鄭芝龍《ていしりゅう》は福建省南安出身で、字は飛黄、後に飛虹将軍と呼ばれた。平戸老一官(7)となり、20歳の時に平戸で田川マツと結婚し、福松と七左衛門の2子をもうけた。福松は後に鄭成功と名のり反清運動で活躍するが、七左衛門は日本に残り長崎での貿易に従事し、福住家を残している。この鄭芝龍が長崎で演じた貿易が、この節の話題である。

長崎出島の南蛮屛風を見ると、オランダ専用の扇方の出島の南に長方形の出島がある。今日の長崎中華街の新地である。シナからの貿易船の貿易基地である。この新地で活躍したの

表9―1　長崎貿易と鄭芝龍（単位；斤）

品　目	鄭芝龍6隻の積荷	鄭芝龍以外の91隻の積荷
生　糸	30,720	96,455
絹織物	90,920	44,016
木綿麻布その他の交織	40,110	198,433
砂　糖	69,000	5,711,500
鉱　物	11,200	52,280
皮　革	2,050	50,900
蘇　木	19,500	79,200
薬	6,500	73,460

出所：岩生成一『日本の歴史14鎖国』中央公論社，1966年，406頁より作成。

が鄭芝龍（1604-1661年）である。彼は寛永7（1630）年「オランダの台湾長官ハンス・ブットマンスとの間に航行安全保証の協約を結び、寛永17（1640）年には台湾長官バウル・ツラデニウスとも互恵的な日本貿易について協商した。その内容は支那産の絹織物をオランダらに売ることであったが彼は約束を実行せず、かえってそれを長崎に廻して売り、オランダの日本貿易を圧迫した」。そして、「この年に長崎に入った船は97隻であった。そのうち、6艙は芝龍の持ち船であった。当時長崎に来た唐船の多くは彼の持ち船であったからそれら貿易船の上前をはねたりもまた、貿易資金を貸し付けたりして、もうけていた。」（岩生成一『日本の歴史14鎖国』中央公論社、1966年、406頁）

上の表9―1は、寛永18（1641）年の鄭芝龍の船の6隻と、それ以外の唐船91艙の貿易品目の量を比較したものである。鄭芝龍の貿易品目の割合が極めて大きいこと、その多くが生糸や絹製品であることがわかる。

鄭芝龍は、平戸藩主松浦公をスポンサーとして、日本・台湾を拠点に、日本と大陸、東南アジアとの間で活躍した海商集団の頭領となった。この海商集団は、半島や大陸では「倭寇」と呼ばれる武装集団であった。

鄭芝龍は、1628年、明朝の誘いに応じ帰順すると、総戎大将軍に任命された。台湾からオランダを駆逐することが目的であった。やがて清が台頭し、明王が危機に瀕したときに、鄭芝龍は清朝へ投降するが、幽閉の身となり1661年に処刑された。

情報操作による輸出価格の管理

鄭芝龍の貿易の方法は、山地情勢についての情報操作であったらしい。まず、最初に生糸や絹織物を大陸の輸出地において買い占めるのである。その後、長崎に少ない量の生糸や絹織物を持ち込み、「今年は、生糸や絹織物が大陸では不足である」と触れ込むのである。日本の市場において、生糸や絹織物の価格が上昇した時期を考慮して、残りの生糸や絹織物を長崎で販売する。そうすると、仕入れた費用の数倍で売れるのである。これが、鄭芝龍の輸出による貿易利益の上げ方であった。商品が十分に出回った後の価格安定期に、生糸や絹織物を長崎に持ち込んだ他の商人にとっては、すでに「後の祭り」なのである。

倭寇の大将王直

最も有名な倭寇の大将は、明の海禁を犯して海上貿易に進出した王直である。1543年にポルトガル船で種子島に鉄砲をもたらしたことになっている王直（五峯）である。この時代、明も李朝も海禁令を出して、国民が海に出ることを禁じていた。それ故に、海外との商業取引を行う海商はすべて海賊である。王直は五島に拠点を置いていたが、1542年に平戸島明河内に倭寇の拠点を置いた。王直は、1557年に明に逮捕され、処刑された。

その後の倭寇の大将は、顔思斉（1588-1625年）である。明福建省出身の海賊である。江戸時代のはじめ、肥前平戸に住み、日本と台湾との間を往来して密貿易や略奪行為を行った。天啓5年9月、風疾のために台湾で死去した。

一官党は、当時の一般的な武装貿易集団であり、日本、明、東南アジアとの貿易に従事すると同時に、海上航路の秩序維持を行っていた。日本に居住する李旦が一官党を指揮した際、鄭芝龍は二十八位兄弟会と称される有力青年の1人であった。鄭芝龍は一時期、十八芝を離れ台湾に渡り、倭寇集団であった顔思斉に参加していた。

鄭成功

この鄭芝龍を父に、平戸明川内の田川マツを母に、鄭成功は1624年7月14日、平戸で生まれた。幼名を福松と言い、明名は鄭森と言った。わずか7歳で単身海を渡り、1645年、21歳の時、明の隆武帝より明王朝の国姓「朱」を賜ったことから、人々は彼を「国姓爺」と呼んだ。近松門左衛門の「国姓爺合戦」のモデルと言われている。

明時代の末期に清朝との戦いの中で、父の鄭芝龍が清に投降するが、鄭成功は「抗清復明」の旗印を揚げ戦いを続ける。1644年に明が滅んだ。1648年から1651年、1658年、1660年と計4回、日本に援兵を請うが、徳川幕府は反応しなかった。

大陸での戦いに敗れた後に、台湾に進攻し台湾を占拠中のオランダ人を追放したために、台湾でも大陸でも有名な存在となっている。その後、台湾島において政府を設置し、法律を定め、台湾開拓を行い、時運の挽回を図るが、病のために1662年、39歳で亡くなった。

鄭成功の領地としては、中国九龍江口や廈門湾口を望む大金門島、小金門島および大胆島や二胆島など12個の島から構成されている。かつては、鄭成功による抗清復明の拠点にもなった場所であり、現在の台湾と重なる点があることが興味深い。

貿　易

明朝では主として倭寇対策として海禁政策がとられていたが、清朝では鄭成功の支配する鄭氏台湾を抑えるために遷界令（1661年、住民を海岸部から内陸に移住させた）が出され、厳しい海禁策がとられた。康熙帝が鄭氏台湾を征服し、三藩の乱を鎮定して清朝の中国統一が完成した後、1684年に遷界令は解除され、海禁はゆるめられた。その結果、海上貿易は盛んになったが、これは中国王朝の中華思想による朝貢貿易の原則で行われた。中国からは生糸・陶磁器・茶などが輸出され、ヨーロッパ商人から銀がさらに流入するようになった。

鎖国の中にある江戸幕府は、オランダと並んで中国との取引は認めていた。中国との長崎貿易は鄭成功によっても行われていたが、遷界令によって一時抑えられ、それが解除されたために再び活発となった。長崎では中国産の生糸（白糸）は珍重され、オランダ商人よりも取引額が多くなった。そのため銀の流出が問題となり、幕府は１６８８年に長崎に唐人屋敷を設け、その統制を強化した。

【注】

（1）邦貨建て為替相場とは、1ドル為替を１００円で購入・販売する場合を１００円／ドルと表す。実際の売買においては、為替手数料が必要である。

（2）この輸入財の国内市場は「完全競争の仮定」が満たされているとして議論を進める。また、他の市場との相互作用は無視した部分均衡による分析として説明する。

（3）貿易相手国の輸出額よりも、輸送費用や保険料などの貿易費用の分だけ過大である。

（4）ここで、四角形ＨＨ′Ｇ′Ｇは輸送費用を表している。この輸入財の輸送を国内の輸送業者が行う場合には、この経済のサービス収支の受け取りであり、社会的余剰として計算される。

（5）この輸出財の国内市場は「完全競争の仮定」が満たされているとして議論を行う。また、他の市場との相互作用は無視した部分均衡分析としての議論である。

（6）貿易相手国の輸入額は、この輸出額の四角形ＧＨＪＩよりも輸送費用や保険料や倉庫業などの貿易費用の大きさの分だけ大きい額として計算される。

（7）台湾には、一官党と呼ばれる宗教団体がある。祀られている神様は鄭成功であるが、本当の神様は父の鄭芝龍かもしれない。

第10章 価格差別モデル

1 トランプの反ダンピング政策

2018年5月5日、米国際貿易委員会（ITC）は、日本、韓国、ドイツなど8カ国・地域が炭素合金鋼を米国に不当な安値で輸出していると認定した。この結果、米国商務省が求めていた反ダンピング（不当廉売）関税が正式に決定した(1)。

税率は、JFEスチール(2)などの製品が48・67%、東京製鉄などの製品が14・79%、これ以外に韓国、ドイツ、オーストリア、ベルギー、フランス、イタリア、台湾の炭素合金鋼に148・02～3・62%の反ダンピング関税を課すことになった。韓国製品は輸出補助金を受けていると認定され、4・31%の相殺関税を課されている。

商務省によると、8カ国・地域のうち最も炭素合金鋼の米国への輸出量が多いのは韓国で、2015年に30万トンに達し、13年との比較で約42倍になっていた。日本からの15年の輸出量は7万1200トンで、13年比で1・6倍である。

米国の鉄鋼メーカーが、16年4月に米国商務省にダンピングによる被害を申告して、商務省が2018年3月に制裁課税を仮決定していた。

中国製の炭素合金鋼については、ITCが3月に68・27%の反ダンピング関税と、25・1%の相殺関税を正式に認めている。

2 ダンピングの意味

ダンピングとは、一般には、「採算を無視して商品を安売りすること」と考えられている。「投売り」である。

経済学的には、「自己の市場価格をくずさないために、売れ残り品を自己の販売市場としていない市場へ不当に廉売すること」を意味しており、「外国市場において、他国との競争に勝つために、商品の価格を自国の市場価格よりも不当に低く設定して輸出する、いわゆる輸出ダンピング」の意味に使われている。国内価格よりも高い価格で外国に売ることを逆ダンピングと言う。

不当にという部分は、米国に対して不当である場合は、「米国国内の競争相手となる企業を破壊する目的で価格を設定する場合」である。また、輸出国の国内に対して不当な場合には「国内の生産コスト以下の価格で、すなわち、赤字で輸出する場合」を言う。

「アメリカンファースト」のトランプにとっては、前者のアメリカに対して不当なのであろう。この反ダンピング政策によって、アメリカの企業が甦るならば、トランプの政策は成功である。しかし、甦らない場合は、この反ダンピング政策は無駄な政策であったということになり、一時的な政策パフォーマンスで終わることになるのである。

3　価格差別モデル

経済学的には、企業は合理的であり、赤字覚悟でダンピングを行う会社の存在は説明できないのである。このような会社はあくまで政治的パフォーマンスからの行動であり、経済学的合理性からは説明できないのである。

価格差別

ある財市場において、その市場を複数に分割できるときには、それぞれの市場において異なった価格を設定することによって利潤を極大にすることが可能となる。このように、同一の財であるにもかかわらず、異なった市場に異なった価格を設定する場合を「価格差別」と言う。

例えば、国内市場と海外市場とを区別して価格を設定する場合や、季節によって設定される価格や料金に差異が生じる場合（季節割引料金）である。より身近な例としては、通常の場所での自動販売機のジュースや清涼飲料水の価格と夏の海岸や映画館、ホテル旅館内などの特定の場所における価格との差異や、タクシー会社や自動車学校が購入する車両と一般の顧客が購入する乗用車との間の価格の差異、修学旅行の団体割引制度や季節割引などがその例として挙げられる。

このような「価格差別」が生じるためには、次の3つの条件が必要である。

① ある市場で購入した財を、他の市場で「転売」することが不可能であること。

② 区別された市場において、この財に対する需要の価格弾力性が異なること。

③ 価格差別化のための費用が、それによって得られる利益よりも小さいこと。

さらに、売り手である独占的企業は、各需要者が複数に分割された市場のうち、どの市場に属しているのかを認識できていなければならない。

ある独占的企業において、2つの市場に区別して価格差別を行う場合について考察する。いま、X_1＝第1市場で販売される生産物量、P_1＝第1市場で販売される生産物価格、X_2＝第2市場で販売される生産物量、P_2＝第2市場で販売される生産物価格、C＝総費用（TC）であるとすると、この企業の利潤Πは次の（10・1）式のように定義される。

$$\Pi = P_1X_1 + P_2X_2 - C(X_1 + X_2) \qquad (10\cdot1)$$

この企業の利潤極大条件は、（10・1）式をそれぞれの市場での生産量Xに関して微分することによって、次の（10・2）式や（10・3）式のように求められる。

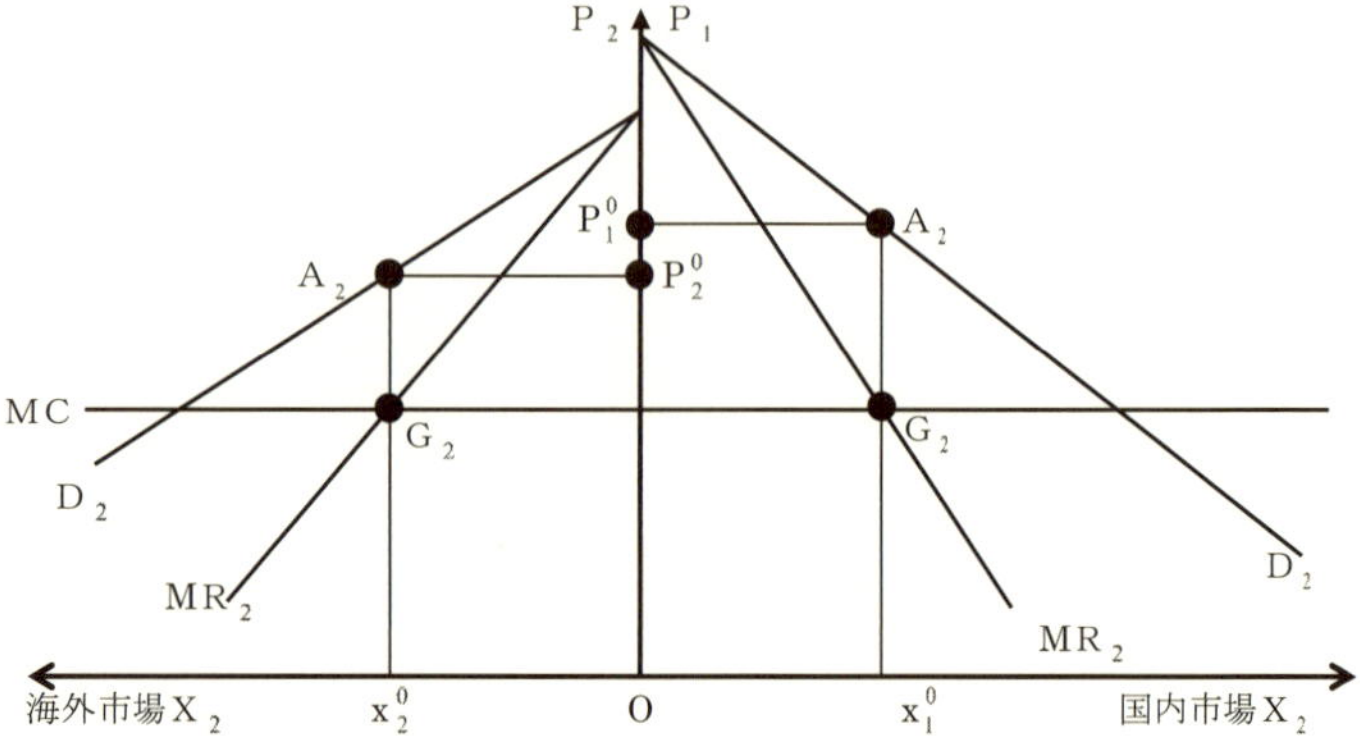

図 10—1　差別価格

$$\frac{d\Pi}{dX_1}=P_1\left(1-\frac{1}{\varepsilon_1}\right)-MC=0 \qquad (10・2)$$

$$\frac{d\Pi}{dX_2}=P_2\left(1-\frac{1}{\varepsilon_2}\right)-MC=0 \qquad (10・3)$$

すなわち、この企業の利潤極大条件は、各市場における限界収入が限界費用（MC）に等しいことであり、$MR_1=MR_2=MC$の関係が成立していることである。これを変形すると、次の（10・4）式のように表される。

$$P_1\left(1-\frac{1}{\varepsilon_1}\right)=P_2\left(1-\frac{1}{\varepsilon_2}\right)=MC \qquad (10・4)$$

ここで、ε_1とε_2はそれぞれの市場における需要の価格弾力性である。需要の価格弾力性と市場価格との間には、次のような関係が成立する。

$\varepsilon_1 \geqq \varepsilon_2$のときは$P_1 \leqq P_2$、$\varepsilon_1 < \varepsilon_2$のときは$P_1 > P_2$

すなわち、需要の価格弾力性が大きい（小さい）市場ほど、低い（高い）価格が設定されることが説明される。

この差別価格モデルは、図10―1のように説明することができる。D_1曲線が第1市場の需要曲線を表しており、D_2曲線が第2市場の需要曲線を表している。また、MR_1曲線が第1市場の限界収入曲線を表しており、MR_2曲線が第2市場の限界収入曲線を表している。

この企業の限界費用がMC曲線で表されるとき、それぞれの限界収入曲線と交差する点G_2において「限界収入（MR）＝限界費用（MC）」の条件が満たされるのであり、この点において各市場への供給量x^0_1、x^0_2が決定される。それぞれの市場価格は、それぞれの需要曲線上の点E_2と点E_2におけるそれぞれの生産量に対応してP^0_1とP^0_2のように決定される。

【注】

（1）トランプ政権発足後、日本への制裁課税が確定したのは初めてである。

（2）JFEスチール株式会社（JFE Steel Corporation）は、2003年に、川崎製鉄と日本鋼管（NKK）が統合して発足した日本の大手鉄鋼メーカー（高炉メーカー）である。持株会社・JFEホールディングスを頂点とする「JFEグループ」の中核企業。粗鋼生産量において、日本国内では新日鐵住金に次いで第2位、世界では第5位の規模を持つ。

第11章　部分独占と価格差別

1　駅前商店街の崩壊

「地方創生」が議論されている今日、地域が抱える課題として、「人口減少」や「少子高齢化」問題の次に回答数が多いのが、「商店街・繁華街の衰退」についてである。

まず、最初に、商店街の歴史について概観してみよう。商店街の多くは、電車の駅前やバスターミナルの前などに集中して作られてきた。これが駅前商店街と呼ばれていた。

駅前商店街は、戦後の復興期から高度経済成長期にかけて次第に数を増やし、街の顔としての存在となり、地域の一等地として商売が行われ、商店街では四季折々の祭りを企画していた。駅前商店街の最大のメリットは「ワン・ストップ・ショッピング」であった。駅前の限られた範囲内の1カ所（商店街）で、大方の日常生活に必要な買い物が可能な専門店がずらりと並んでいたのである。商店街の人々は、地元の神社などの祭りを開催するなど地域活性化の担い手であり、地域コミュニティを形成する「場」として、地域の発展に貢献してきたと自負していたのである。

このような商店街のあり方は、メーカと問屋さん、そして、問屋さんと小売屋さんとの関係が安定的であった時代の象徴であった。メーカは専門の問屋さんに報奨金を渡して、製品の売り上げを伸ばしていた。問屋さんは仕入れから販売までの小売りの面倒をよく見て、自分の系列の商品を安定的に販売する努力を行っていた。いわゆる「プッシュ方式」の販売方法であった。

ところが、ダイエーなどの量販店が現れると、メーカ別の卸制度ではなく、いろいろなメーカから同時並行的に仕入れて、直接、小売店として販売する方法が主流に変わって行ったのである。そうなると、卸業の役割は消え、中間マージンは消滅して、より単価の安い製品が店に並ぶようになった。消費者は、製品の質と価格についての知識はテレビや新聞や雑誌で手に入れることができるために、客観的な技術情報のもとでより安い製品を求めて店舗を探し回るという時代へ移行したのである。この販売方式は「プル方式」と呼ばれている。顧客は情報媒体によって、品質や技術力やデザイン、そして、価格やアフターサービスの内容までも理解した上で、商品の購入を決定するのである。

その後、都心に大きな百貨店が台頭したことにより、商店街と百貨店がその地域内において競合するケースが多くなって来ると、駅前商店街と都市の大百貨店は住み分けるようになっていった。日常的（ケ：褻れ、普段の）な需要を満たす駅前商店街と、非日常的（ハレ：晴れ、霽れ）な需要を満たす大百貨店である。

ところが、１９７３年以降「大規模小売店舗調整法」により、大規模小売店舗の出店が規制されてきたが、1998年に成立した「まちづくり三法」(1)の一部である「大規模小売店舗立地法」において、商業規制から社会的規制へと転換が行われた。

また、同時に日本の社会におけるモータリゼーションの進展もあり、核家族がマイカーで中距離のドライブを兼ねて郊外の大規模小売店舗へでかけるという習慣がつき始めると、「大規模商店」への出店が進み、駅前商店街を中心とする中心市街地の空洞化が進んでいったのである。

百貨店の中には「大規模商店の象徴的存在となる店舗」まで登場して、駅前商店街の核店舗は価格競争力に太刀打ちできないまま崩壊状態に陥っていってしまった。

商店街の店舗数が減少した結果として、アーケードの維持や修繕費を賄えなくなり、アーケードが消滅の危機に陥っている商店街や、アーケードを建設した際の融資の返済ができなくなり、自己破産した商店街振興組合が存在している。

近年では、情報技術の進展によりEC(eコマース、ネットショップ)市場が拡大しており、リアル店舗とネット販売の競争も起こるなど、商店街の業況はますます厳しくなっていると考えられる。

2　部分独占の理論

同一市場に1つの大きな独占的企業が存在し、他に少数の小規模な企業が存在する場合を

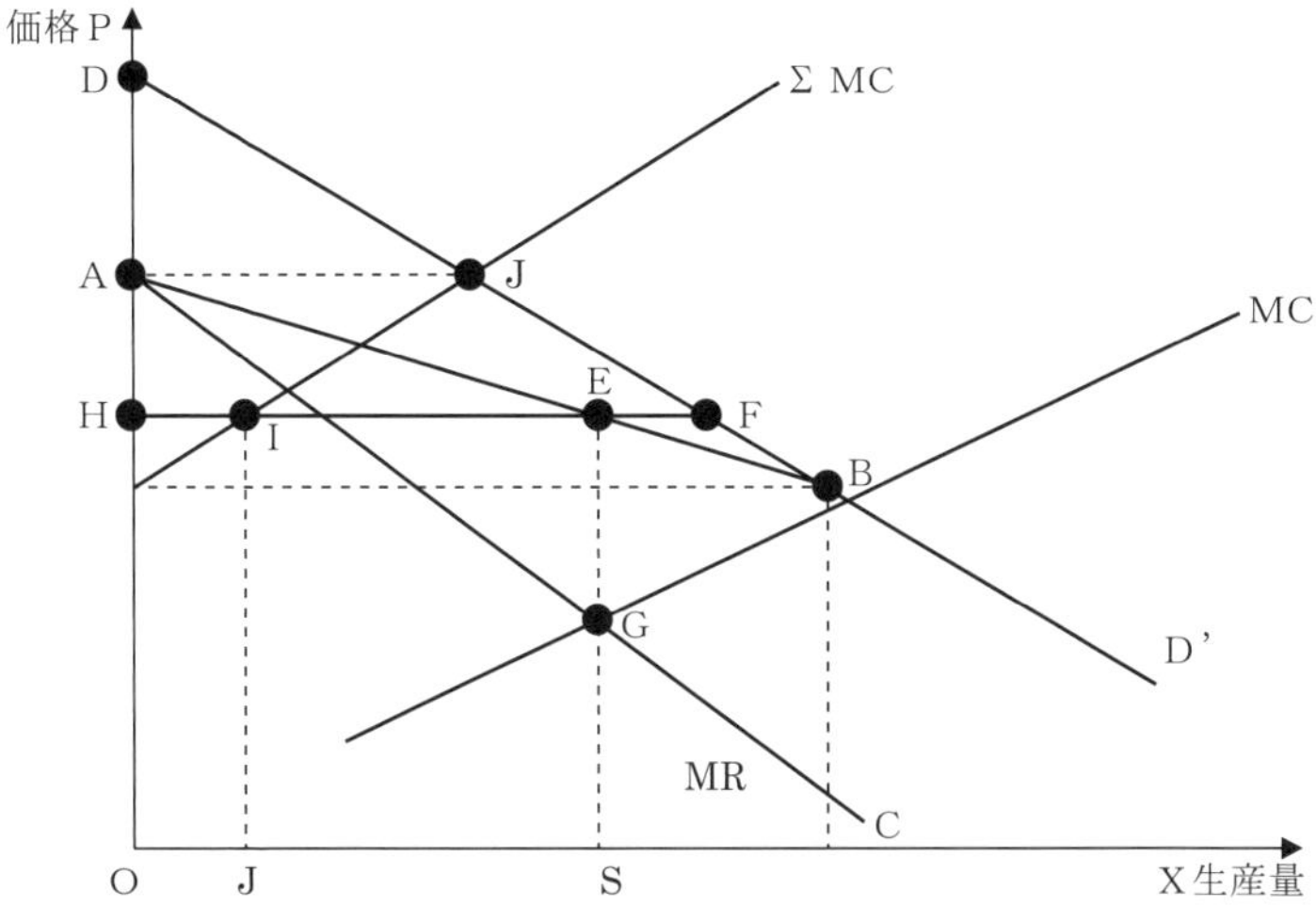

図 11—1　部分独占

「部分独占」という。この場合には、独占企業は、他の小企業の供給能力を考慮して、利潤極大条件を満たすように価格と供給量を決定する。すなわち、「プライス・メーカー」として独占企業が決定する価格に、それぞれの限界費用が等しくなるように供給量を決定すると考えられるのである。一方、小企業は、完全競争下の企業のように「プライス・テイカー」として行動すると考えることができる。

図11—1において、曲線DD′は産業全体の需要曲線である。また、小規模企業の供給関数はΣMCsで表されている。独占企業にとっての需要曲線は、産業全体の需要曲線からこの小規模企業の供給曲線を差し引いた曲線ABD′である。独占企業の限界収入曲線は曲線ACであり、限界費用曲線MCの交点Gが独占企業の利潤極大条件「限界収入（MR）

＝限界費用（ＭＣ）」が満たされる点である。このとき、独占企業の供給量はＯＳ（＝ＨＥ）、市場価格はＯＨ（＝ＳＥ）となっている。

他の小規模企業は、この市場価格ＯＨ（＝ＪＩ）とそれぞれの限界費用が等しくなるように行動することが利潤極大条件であるため、小規模企業の供給量の合計はＨＩ（＝ＥＦ）となるのである。

独占企業の進出によって、これまでの販売量がＡＪからＨＩに減少したのである。


【注】
（1）「まちづくり三法」とは、改正都市計画法、中心市街地活性化法、大規模小売店舗立地法を言う。

第Ⅱ部　マクロ経済学とマクロ経済政策

市場原理の有効性に疑問を投げかけて産まれた「ケインズ革命」は，定常状態において，有効需要が不足すること，すなわち，「市場の失敗」を説明したのである。これが「ケインズ経済学」であり，「ケインズ革命」である。この「ケインズ経済学」は，市場の失敗を指摘したという意味で経済学の革命であった。

これは同時に，古典派経済学・新古典派経済学に対する批判であり，「市場原理の有効性」に対する批判であった。それにもかかわらず，戦後の西側先進工業諸国の経済成長と経済発展の成果を背景として，ケインズ経済学は新古典派綜合として「新しい経済学」の中に取り込まれてしまったのである。そこには市場の有効性を前提としたワルラス経済学的なマクロ・モデルの中に労働市場だけが取り残され，有効需要の理論が付加的に備えられたマクロ経済学モデルとなってしまったのである。

「有効需要の理論」を「市場の失敗」の理論として認識し，新古典派経済学としての一般均衡状態ではない別の均衡＝ケインズ均衡に向かって経済は収斂しようとする過程を説明するモデルとしてのケインズ的マクロ経済学の再構築が必要なのである。

この第Ⅱ部は，このような問題意識のもとで「マクロ経済学の概要」と「マクロ経済政策」について説明する。

第1章　ケインズの有効需要の理論

1　有効需要の原理

ケインズは『雇用、利子および貨幣の一般理論』の第3章「有効需要」（Effect Demand）において、経済全体の雇用量は「総需要関数と総供給関数とが交叉する点において決定される」と説明した。「なぜならば、この点において企業者の期待する利潤が最大になるからである」。この「総需要関数」（Aggregate Demand Function）と「総供給関数」（Aggregate Supply Function）とが交叉する点における「総需要の値」を、ケインズは「有効需要」と呼ぶのである。

ここで、「総供給関数」と「総需要関数」とはそれぞれ、次のように説明される。

1・1　総供給関数

いま、それぞれの企業が保有している資本設備や資源、そして、生産技術やそれによって決定される費用条件などの、その企業が直面している市場や産業の状態などが一定不変であ

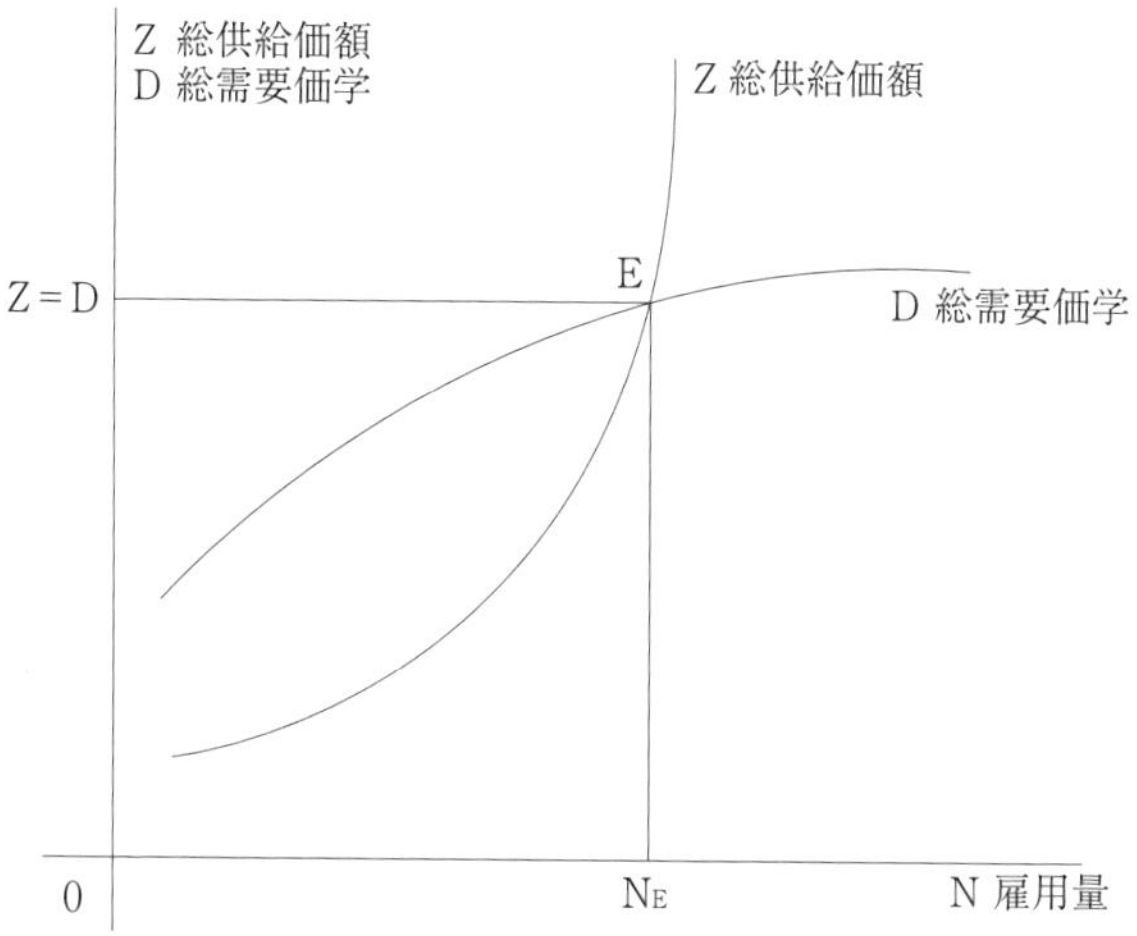

図1―1　有効需要の決定

るという仮定のもとでは、各企業の利潤極大条件を満たす関数として、総供給価額Zと雇用量Nとの間には、次の（1・1）式のような関係を想定することができる。

$$Z = \phi(N) \qquad (1 \cdot 1)$$

ここでZは、経済全体でN人を雇用することから生ずる産出物の総供給価額である。

労働の限界生産力が正であることから、雇用量の増加とともに産出物の価値額Zは増加する。しかし、雇用量の増加とともに生産物の価値の増加のしかたは、だんだんと小さくなるであろう。これは、費用逓増あるいは労働の限界生産性逓減を仮定しているからである。

以上の関係から、雇用量Nと生産物Zとの間に、次の（1・2）式のような関係を想定することができる。

$$\frac{dZ}{dN}=\phi'(N)>0, \quad \frac{d^2Z}{dN^2}=\phi''(N)>0 \qquad (1・2)$$

このような雇用量と総供給価額との間の関係を示す関数を、ケインズは総供給関数と呼ぶのである。図1―1のように縦軸に総供給価額を取り、横軸に雇用量を取ると、この総供給関数は右上がりの下方に凸型の逓増的な曲線として描かれる。

1・2　総需要関数

総需要関数は、就業構造と市場条件を所与として次のように定義される。いま、企業者がN人の雇用から受け取ることができると期待する総売上金額をDとすれば、総売上金額と雇用量との間には、次の（1・3）式のような関係を想定することができる。

$$D=f(N), \quad \frac{dD}{dN}=f'(N)>0, \quad \frac{d^2D}{dN^2}=f''(N)<0 \qquad (1・3)$$

ここで、Dは賃金財価格Wで測った総売上金額であり、雇用量の増加関数である。また、雇用量が増加するにつれて需要量の増加は減少すること、すなわち、限界消費性向は低下すると想定するのである。

総売上金額は、消費需要期待額をD_1、投資需要期待額をD_2との2つの項目に分けて、次の（1・4）式のように考えることができる。

$$D = D_1 + D_2 \qquad (1\cdot4)$$

ここで、投資需要D_2は、「投資関数の章」（第Ⅱ部第4章）で説明される投資の限界効率表と利子率との関係に依存する企業家の投資誘因によって決定される。

企業家が社会の所得の中から消費に支出されると期待する額は、社会の「消費性向」と呼ばれる社会の心理的特徴に依存する。また、経済全体における雇用量Nの増加は、社会の所得の増加になるはずであるから、企業の生産物の販売期待額の中の消費需要期待額D_1は、雇用量Nの増加関数となると想定することができる。すなわち、χを消費性向に依存する関数とすると、次の（1・5）式によって表される。

$$D_1 = \chi(N),\quad \chi'(N) > 0 \qquad (1\cdot5)$$

この「消費性向」は、主に所得額と他の客観的な付随的諸条件に依存するとケインズは想定する。もちろん、社会を構成する個々の人々の主観的な必要、心理的な性向、習慣、所得分配の原理などの主観的な要因にも依存すると考えられるが、この主観的な要因を所与とみなして、消費性向は客観的な要因の変化にのみ依存すると想定するのである。このような「社会的心理法則」（客観的・主観的要因）は、『一般理論』の「第三篇、消費性向」において説明されている。

所得が増大するときに、消費水準は所得と同じだけ増大しないために、限界消費性向は1

よりも小であると考えられる。このために総需要関数は、図1―1のD曲線のように右上がりの傾きがだんだんと緩やかになる曲線として描かれるのである。

ここで、「総需要関数」とは、企業家にとって過去の生産活動・販売活動から得られた市場についての経験や種々の情報・知識によって習得された経験を関数として表したものであり、また、現在もなおその経験を積み重ねていく過程なのである。それ故に、この関数の形状を決定するのは、総供給関数と同様に企業家たちである。

1・3　有効需要の決定と安定性

「有効需要」の大きさは、以上で説明した「総需要関数」（D曲線）と「総供給関数」（Z曲線）との交叉Eにおける「総需要量の大きさ」として定義される点において決定される。すなわち、この2つの曲線の交点Eにおいて経済全体の活動水準（それ故に国民所得・雇用量）が決定されるというのが、ケインズの「有効需要の原理」である。

経済全体での企業者均衡点は、総供給価額Zと総需要価額Dが等しくなる点であり、この点をもたらすような雇用量Nが「有効需要の原理」によって決定される雇用量N_Kである。

以上の関係を整理すると、次のように表すことができる。

（企業者均衡の条件）　$Z(N)=D(N)$　（1・6）

（費用期待：供給関数）　$Z=\phi(N)$, $\phi'(N)>0$, $\phi''(N)>0$　（1・7）

（需要期待：需要関数）　$D=f(N)$, $f'(N)>0$, $f''(N)<0$　（1・8）

ここで、(1・7)式と(1・8)式を(1・6)式に代入して、雇用量N_Kを求めると、次の(1・9)式のように導出される。

$$\phi(N_K) = f(N_K) \quad (1・9)$$

この雇用量N_Kが、所与の消費性向と投資誘因のもとで決定された有効需要の大きさによって実現される雇用量である。

有効需要点の安定性

このようにして決定される「有効需要」と雇用量の値は、安定的であることが次のようにして説明される(1)。

いま企業家が雇用量を増加させようとするとき、消費価額D_1も増加する。しかし、限界消費性向が1よりも小であるから、消費価額の増加は総供給価額の増加ほどには大きくない。このギャップを埋めるためには、投資需要の増加が必要である。しかし、投資誘因が一定所与である状態においては、そのような作用は働かないために、超過供給の状態が発生して再び雇用量の減少が必要となることを企業家は認識しているために、企業家はこのような雇用量の増加を選択しないのである。

また、逆に企業家が雇用量を減少させようとするとき、消費価額も減少するであろう。しかし、限界消費性向が1よりも小であるから、消費水準の減少は総供給価額の減少よりも少ないために超過需要の状態になるから、投資の減少が必要である。しかし、投資需要が一定所与の状態では、超過需要の解消のために再び雇用の増加が必要となることを理解している企業家は、雇用量の減少を選択しないのである。

2 有効需要と非自発的失業

2・1 有効需要の原理と非自発的失業

ケインズ経済学において、雇用量は有効需要の大きさによって決定される。ここで、有効需要とは、前節で説明したように、企業家が期待する総売上額と雇用量との関係を示す「総需要関数」と、企業が現在保有する資本設備のもとでの「生産技術の条件」や「費用条件」などを反映した企業の利潤極大条件を満たすという意味での「古典派の第1公準」から導出される「総供給関数」とが交叉する点における「総需要の大きさ」である。

「雇用量は有効需要の原理で決定される」という意味は、古典派経済学の用語で説明するならば、雇用量は有効需要の大きさに従って「古典派の第1公準」で決定されるという意味となる。すなわち、労働市場における調整メカニズムは機能せず、古典派経済学が説明するような家計の労働供給条件は満たされないままに失業状態、すなわち、「非自発的失業」が発生すると説明されるのである。

2・2　ケインズ経済学における労働市場の分析

ケインズは、有効需要の原理による雇用量決定を説明するために、「古典派の第1公準」を受け入れ、「古典派の第2公準」を否定するのである。

このような関係を考慮してケインズ的な労働市場分析を考えると、次のような説明をすることができる。

（均衡条件）　$N_K = N_D$　（1・10）

（労働需要関数）　$N_D = N_D\left(\frac{W}{P}\right)$，$N_D$，$N_D'\left(\frac{W}{P}\right) < 0$　（1・11）

（非自発的失業）　$U = N_F - N_E$　（1・12）

ここでN_Kは、有効需要の大きさに基づいて決定される雇用量である。また、Uは非自発的失業者数、N_Fは完全雇用水準での失業率である。

このケインズ的労働市場は、図1―2のように説明される。有効需要の水準によって決定される雇用量N_Kは、このケインズ的な労働市場の図においては有効需要の理論によって与えられるから、横軸に対して垂直なN_K線として描くことができる。実質賃金率に関しては、ここでは不決定である。なぜならば、種々の制度的な要因のもとで説明されるものであるからである。この場合には、古典派の労働供給曲線と労働需要曲線との間のW_0とW_Kの範囲のいずれかで、実質賃金率は決定されていることになる。

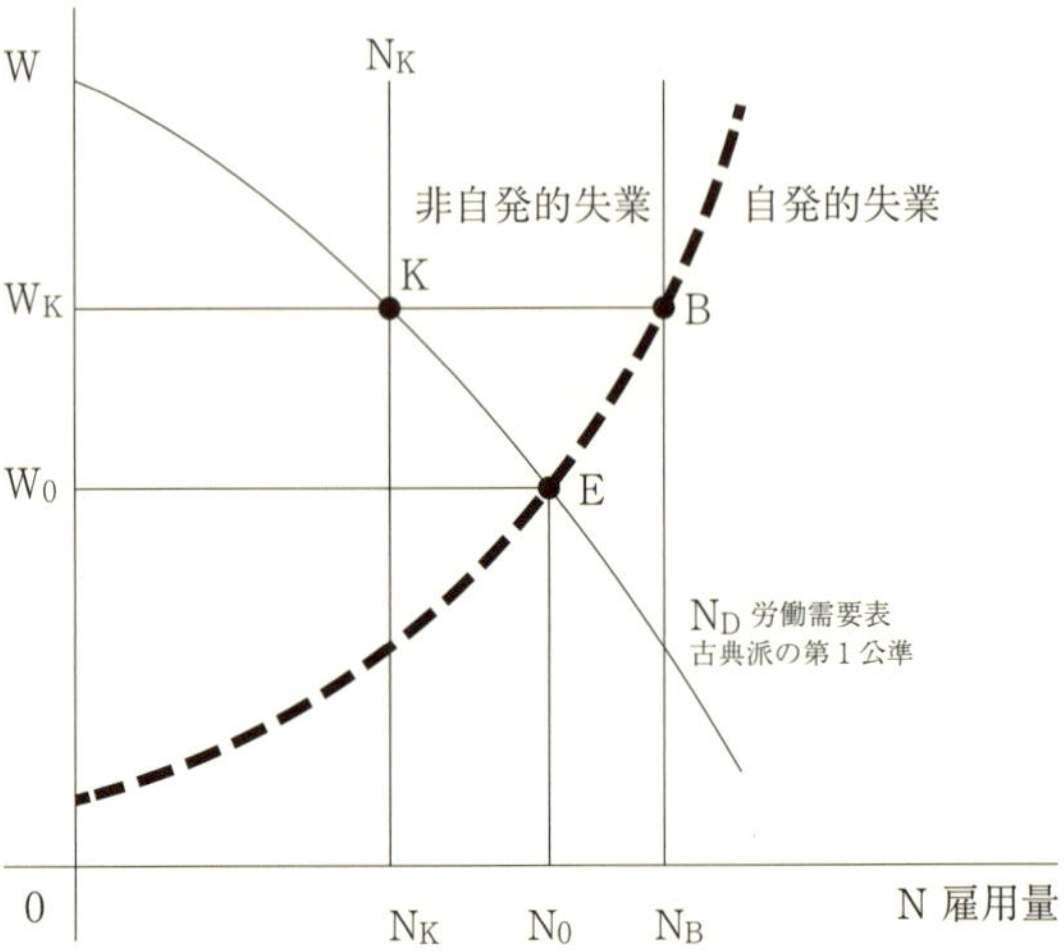

図1—2　ケインズ的な労働市場

2・3　失業の種類とその対策

ケインズによると、失業の種類には、古典派経済学が前提として想定していた「自発的失業」(voluntary unemployment) と、有効需要の不足によって生ずる「非自発的失業」(involuntary unemployment)、そして経済構造や産業構造の変化への対応の遅れによって発生する「摩擦的失業」(frictional unemployment) とに区別して考えなければならない。以下、それぞれの失業の発生原因とその対策について考える。

自発的失業

自発的失業とは、労働市場が均衡状態のもとでも存在する失業であり、「一単位の労働が法制とか社会的習慣とか、団体交渉のための団結とか、変化に対する反応が遅いとか、単なる人間性質上の片意地とかの結果として、その労働者の限界生産力に帰せられるべき生産物の価値に相応する報酬を受け入れることを拒否し、または、受け入れることができないために生ずる」失業である。図1―2では、N_0より右側の領域で表される。

この種の失業に対する政策は「労働の限界不効用」を引き下げることであるケインズの時代は、このような失業は本来、大きな社会問題ではなかったのである。しかし、近年、多くの先進工業諸国においては、失業保険制度や他の社会保障制度が発達してきたために、若年層を中心として、このような種類に分類される失業が増大していると考えることができる。これは新しい社会問題であると考えられている。

また、現在の職業よりもさらに良い職業に就きたいという目的のために、現在の職業を退職して失業する場合にも、この「自発的失業」の定義に入れることができる。

非自発的失業

非自発的失業とは、ケインズの「有効需要の理論」があって初めて定義することができる失業の概念である。図1―2では、$N_K N_0$の幅で表される。すなわち、経済全体の財・サービスに対する有効需要が不足しているために、現行の実質賃金率のもとで働く意思があるにもかかわらず仕事がない労働者が生ずることによって発生する失業である。

ケインズは、この「非自発的失業」の定義を『一般理論』において、次のように説明している。

「もし賃金財の価格が貨幣賃金と比して、わずかに騰貴した場合に、その時の貨幣賃金で働こうと欲する総労働供給と、その時の賃金で雇おうとする総労働需要がともに、現在雇用量よりも大であるならば、人々は現に非自発的に失業している」（『一般理論』、15～16頁）のであると。すなわち、この状態は、実質賃金率の下落にもかかわらず労働供給量が増加している状態であり、少なくとも「自発的失業」ではないことが説明される。このような失業を、ケインズは「非自発的失業」と呼んだのである。

この「非自発的失業」を減少させるためには、有効需要を拡大することが必要である。国内の消費性向と投資水準が一定所与であり、海外への輸出の増大も期待できないような状態のもとでは、政府の積極的な有効需要拡大政策が必要となるのである。

政府の有効需要拡大政策のためには、大別して、財政政策と金融政策がある。財政政策には、①減税政策による消費・投資の拡大政策や、②国債発行などによってファイナンスされた資金による政府支出の増大に基づく有効需要拡大政策等、すなわち、赤字財政政策が挙げられる。また、金融政策には、③国債や債券などの買いオペレーションによる貨幣供給量の増加政策や、②公定歩合引き下げによる投資刺激政策、③中央銀行の支払い準備率の引き下げによる金融緩和政策などが挙げられる。

摩擦的失業

摩擦的失業とは、「たとえば、誤算または、断続的需要の結果として、特殊化された諸資源の相対的数量の間に均衡を一時欠くことにもとづく失業とか、不測の諸誤算にともなう遅れにもとづく失業とか、一雇用から他の雇用への転換が、若干の遅れなくしては行われず、従って非静態的な社会において恒にある割合の資源が仕事と仕事の間に、使用されないでいるという事実に基づく」失業である。

この「摩擦的失業」とは、経済の変化に対して市場の調整が十分速やかに行われないことによって生ずる失業である。この「摩擦的失業」を減少させるためには、組織や予想・期待についての改善が必要となるのである。

3　有効需要拡大政策

ケインズは「非自発的失業」の存在を解決するために、有効需要政策が有効であることを説明した。非自発的失業が発生する原因は、社会における過剰生産能力である。この過剰な生産能力を増加させないで有効需要を拡大させる政策が、ケインズの公共事業の実施という赤字財政政策の提案なのである。

ケインズの有効需要拡大政策の効果は、図1―3において、総需要曲線がD曲線からD＋⊿G曲線へ、上方へシフトすることによって説明することができる。すなわち、有効需要を決定する均衡点が点E_0から点E_1へ移動し、有効需要がD_0からD_1へと増加して、雇用量がN_EからN_1へと増加するのである。

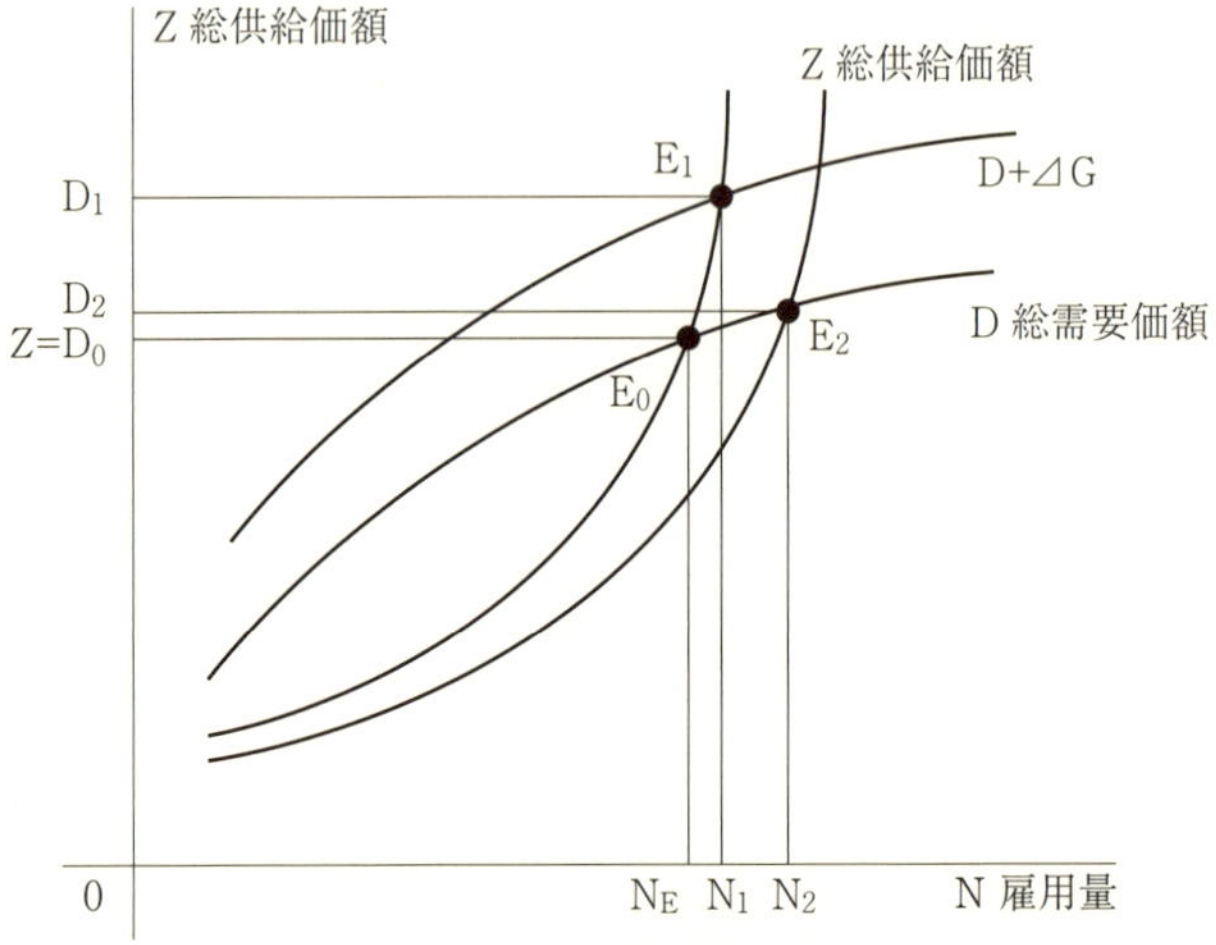

図1—3　有効需要政策の効果

このような政府の赤字財政政策が続けられるのは限られた期間であり、総需要関数の上方へのシフトは一時的なものである。なぜならば、累積的な赤字財政政策は、政府債務が累積してやがて政府の歳出の硬直化が発生するために、このような積極的財政政策を続けることは困難であり、早急な民間投資の回復が望まれるためである。

4　正しい公共事業と悪い公共事業

新古典派のマクロ経済学モデルによると、デフレ状態の解決策は、民間投資の増大による景気刺激が期待できない時には、ケインズ政策に従って財政政策が発動されるのである。有効需要を増やし景気をよくすれば、解決するはずである。

正しい公共事業

公共事業などによってD曲線を上方にシフトさせたときに、その事業の結果として企業の外部経済効果が発生して、同時に総供給曲線を右下にシフトさせるような効果が説明されるとき、有効需要はさらに増加して、雇用量も増加することが説明される。

財政政策の総供給曲線に与える影響がニュートラルの場合は、有効需要の大きい時期だけ雇用量は増加しているが、財政政策が止まると雇用量は元の位置に戻ることになるのである。

悪い公共事業

この時、気をつけなければならないのが、雇用の増加を招かない景気の回復である。外部不経済効果をもたらすような財政政策は、総需要は増加させるが雇用量は増加させないままの状態で、国民所得が増加することになるのである。この時は景気の回復とともに、所得格差が拡大するのである。所得格差の拡大は、平均消費性向の下落を招くために、乗数効果は小さくなる。そのために、より新たに、より大きな財政政策が必要となるのである。

無駄な公共事業とは、国民所得は増加するが、雇用水準は低下する経済政策である。

公共事業の影響が外部不経済効果をもたらす場合には、企業や産業にとっては生産費用の増加となり、Z曲線は上方にシフトするために、交点である有効需要点は左上に移動することになる。ために、実質国民所得は増加するが、雇用は減少するということになり、デフレは解決しないことになるのである。これが、悪い公共事業の例である。

悪い公共事業の例としては、ＪＲ東海のリニア・モーターカー構想とか、本四架橋とか、日本中に造られた御当地空港とか、必要以上に建設された原発とか、枚挙に暇はない。すべて国民生活や企業の外部不経済効果をもたらしてきたものばかりである。

政府は、正しい公共事業の計画を立てて実行しなければならないのである。正しい公共事業の計画とは、国内の企業や産業に正の外部経済効果をもたらす政策である。あるいは、国民の生活を安穏にして、新しい活力をもたらすような、国民生活を豊かにする政策である。すなわち、正しい公共事業の計画は、Ｚ曲線を右下にシフトさせる政策である。そうすれば、有効需要は、有効需要政策を止めた後にも増加し続けることが期待されるのである。

5　貨幣と財・サービスの相違

あなたがパン屋さんに行って、お金を払えば、当然であるが、パンを買うことができる。しかし、あなたが家庭で作ったパンをパン屋さんに持って行っても、あなたはパンでお金を買うことはできないのである。これが貨幣の非対称性の特徴である。

「百円でパンは買えるが、パンで百円は買えない」のである。

あなたが作ったパンは、友達にプレゼントすると喜んでくれるが、だれもあなたに百円を払う者はいないのである。これが貨幣の交換機能である。

あなたは、ダイエットのために、あるいは友達との旅行計画のために、パンを買わないで貯蓄することができる。これが貨幣の貯蔵機能である。

もし、国民がもったいないからといって、お金（貨幣）を使わずに、みんな消費を控えて貯蓄を増やすならば、経済の景気は停滞することになるのである。これを「貯蓄のパラドックス」と言う。貨幣の流通量の減少は、経済を停滞させるのである。

これが、有効需要と貨幣との関係で説明される現象である。

6　学園祭のたこ焼きの生産量と有効需要の理論

あるグループが学園祭で、たこ焼き屋さんの店を出すことにした。そこで会議が開かれた。2泊3日の学園祭で、何個のたこ焼きを売るかという問題である。すなわち、何個のたこ焼きを作るかという問題である。

議論の流れは、何個売るかが決まれば、何個生産されるかが決まる。生産量が決まれば、たこ焼きを作るための小麦粉やソースや海苔等の材料の種類と量が決定され、仕入れ費用が計算される。そして、たこ焼き器とガスバーナーを借りてきて、包装紙と紙カップの購入量が決定される。

そのようにして決まった費用の合計に予定の利益を上乗せした額を、生産量で割った値が販売価格である。このとき、利益の中に、参加した学生たちの日当は入っていることにするべきだろう。

いざ、学園祭の日が雨で、客の入りが悪かったとしたら、予定の量が売れないかもしれないという意見が出た。いや、天気が良ければたくさん売れるはずだという意見が、一方では根強い。そこで天気予報を調べてみることになった。

以上の結論として、10個入りのたこ焼きを200ケース作って提供することになった。たこ焼きを作るための小麦粉やソースや海苔等の材料の合計額は、3万円になった。たこ焼きの機械とガスコンロは、無料で借りることができた。

そこで、3万円÷200ケース＝150円となる。たこ焼き1ケース当たり50円の利益を付けることにして、1ケース200円で売ることにした。1万円が、学生たちの利益である。

当日は天気が良くて、学園祭は大成功であり、たこ焼きは全部売れたとする。ある学生が「本当は300ケース売れたと思うな」と意見を言った。別の学生が「いや天気が良かったから200ケース売れたけど、もし天気が悪かったら、お客さんが少なくて100ケースも売れなかったかもしれない」と言った。

ここで、会議で決まった1ケース200円で、200ケース作ることが実現したのである。これが「有効需要の理論」である。もし、マーシャル的な調整過程を考えるならば、あと300ケース売れたであろうと説明することができる。しかし、その時は、たこ焼きの材料を仕入れに行く時間はあったのであろうかという問題が残るのである。

7　消費関数の変化とマネタリストの登場

毎日の消費生活は、毎日あなたのそばに必要なお金があるから、エンジョイすることができるのである。手元に現金があるから、購入が可能なのである。これがケインズの消費関数であった。

しかし、今日はカードの時代であり、ローンの時代である。いろいろな銀行やカード会社が消費のためのカードを発行しており、ローンを紹介している。

そうすると、消費の一部はカード決済やローンによる支払になるのである。カード決済やローン決済は便利である。飛行機の場合はマイルが貯まり、ある程度以上貯まると、航空機運賃がただになるのである。それ以外にもポイントが貯まり、記念品をもらったり、買い物を安くしてもらったりの便益を手にすることができるのである。

ローンも同様に便利である。いまはお金が足りないけど、数年かければ払えそうな大物が購入できるのである。家電製品やスマホ、パソコン、自動車、そして住宅である。これらは消費の先取りである。すなわち、将来の所得で今の消費という満足度を実現するのである。

そうすると、世間はカードやローンがいかに便利で、手軽な手続きでできるかを宣伝し始めるのである。

便利な世界につきものなのが、時には、まさかという事態の発生である。金が入る予定があるから購入した。しかし、予定の時期に金が入らなかったので、自分の口座の預金残高が足りなくなってしまった場合である。しかし、カード会社やローン会社は平然と「利子を付けて1カ月後に払ってください」と丁寧に対応するのである。カード会社やローン会社は、このようなリスクを上乗せして、販売者に支払った以上の額を徴収しているのである。販売者から見ると、商品が売れて料金が入るまでに、早くて1カ月、もしかしたら2カ月を要しているのである。しかし、現金客だけでは売れないものが大量に売れているから、問題はないのである。カード会社やローン会社は、リスクに対応した手数料を得られているので問題はないのである。

カードの普及やローンの進展によって利益を得るのは、カード会社とローン会社という流通業者だけであり、生産者は販売価格を叩かれ、カード会社から支払いを叩かれている場合も時にはあるのである。

いま、経常消費額をC、可処分所得をY_Dとすると、ケインズの経常消費関数は、次の（1・13）式のように表される。

$$C=C(Y),\quad 1>C'=\frac{dC}{dY_D}>0,\quad C''=\frac{d^2C}{dY_D^2}<0 \qquad (1・13)$$

しかし、今日のカードとローンの社会の消費関数は、過去の消費によって発生した支払意思決定の結果として残された消費額が、累積的に今日の支出額に影響を与えているのであるから、次の（1・14）式のように表されると考えられるのである。

$$C_t = c_t Y_t + c_{t-1} Y_{t-1} + c_{t-2} Y_{t-2} + \cdots\cdots \qquad (1 \cdot 14)$$

ここで、C_tは今期の消費支出額、c_tは今期の所得からの限界消費性向、Y_tは今期の所得、c_{t-1}は1期前の所得からの限界消費性向、Y_{t-1}は1期前の所得額、c_{t-2}は2期前の所得からの限界消費性向、Y_{t-2}は2期前の所得というように、以下、この経済が引きずる過去に決定された消費額が続くまで描かれるのである。

各期の消費は各期の所得額に依存しており、可処分所得ではないことに注意していただきたい。なぜならば、カード会社のローンは所得額に依存して決定されるからである。このことは、将来所得が大きくても、借金返済のために可処分所得が少なくなることを見越した手続きであるのかもしれないのである。

このような消費関数のもとでは、消費減税効果はきかないことが説明されるのである。同様に、一時的な所得の増大も返済額を増加させる可能性が大きく、消費額を増加させる可能性は低いことが説明されるのである。

【注】

（1） この「有効需要点の安定性」の証明は、新古典派経済学派が後に証明する、意図した投資と意図しない投資の概念を使用して議論する「在庫調整モデル」による生産物市場の均衡条件とその安定条件を説明する必要がないのである。なぜならば、ケインズは生産物市場の均衡条件を本来議論していないからなのである。

第2章 アベノミクスの第1の矢とリフレ派経済学への批判

現代経済学の「マクロ経済学」のテーマは、「有効需要の理論」に代表される貨幣的現象を大事に分析する経済学である。そこでは、失業の減少と雇用の拡大とに焦点が集められているが、戦後の経済成長の成果として完全雇用が実現したと考えている政策当局にとっては、雇用の維持以上に大事な政策は、財政の健全化である。そのためには、財政収入の確保であり、財政支出の削減が、当面の目的となっているのである。

今日の日本経済の改革の目玉として、大蔵省によって推進された政策が「日本版金融ビッグバン」であり、「フリー」（自由）・「フェアー」（平等）・「グローバル」（地球規模）という3つのキーワードが重要であった。それは市場原理を活用することによって、日本経済はやがて活性化すると教える立場であったからである。

市場原理とは、自由放任主義の経済システムにおいて、自動的にそれぞれの市場は市場均衡に到達するという経済学思想である。ここで、市場均衡とは、消費者余剰と生産者余剰の総和である社会的余剰を最大化する均衡点である。ミクロ経済学は、この市場均衡点に向かって実際の経済が、ワルラス経済学的な価格調整機構とマーシャル経済学的な数量調整機構を通じて自動的に収斂すると説明するのである。

そのような理想的な短期均衡に実際の経済が到達することがないならば、それは市場原理の有効性を阻害する要因が存在するからであり、それらの要因を種々の経済政策手段によって除去することによって、経済は市場均衡に自動的に到達することが可能であると説明されるのである。

それらの要因とは、独占や寡占という市場の競争を排除しようとする制度や力であり、また、外部経済性や公共財の存在が原因となる。

外部経済性の存在や公共財の存在によって、経済が市場均衡を達成することを失敗させることを「市場の失敗」という。この場合は、政府の賢明な政策によってこれを解決することが可能であるとされる。このような政府の賢明な経済政策によって「小さな政府」が実現され、「市場原理の有効性」が保証されると考えるのである。

しかし、今日の中国経済の政策運用において見られるように、先ほどの固定費用に対応する減価償却引当金の使途によっては、国内経済において所得分配状態を歪められて「市場の失敗」を助長することになる場合もあるのである。しかも、このような大きな政府の存在が「市場原理の有効性」を破壊することになるのである。それは、国内的には将来の経済活動水準を維持するための積立金の使い込みであり、対外的には返済のための外貨準備の使い込みである。このことは将来的には、世界経済の本質的な問題をもたらすものである。

「市場の失敗」が存在するもとでの一般均衡点とは「セカンド・ベスト」の状態であると

いう意味であり、市場原理によって自動的に達成されるとした「絶対多数の絶対幸福」の状態は決して実現しないのである。それ以上に、政府の消極的・受動的な経済への関わりあいは、実際の経済が「達成しうる均衡」から次第に乖離することを放任する可能性さえもあるのである。ここに、実際の経済に政府が「積極的に関わる」ための経済政策の哲学が必要となるのである。これが、「市場原理至上主義」の失敗の意味である。

ケインズ革命

市場原理の有効性に疑問を投げかけて産まれた「ケインズ革命」は、定常状態において有効需要が不足すること、すなわち、資本主義経済における「市場の失敗」の常態化を、ケインズは説明した。これが「ケインズ経済学」における「有効需要の不足の状態」であり、その対策としての財政・金融政策を駆使したマクロ経済政策が「ケインズ政策」である。これは本書の第Ⅱ部第1章で説明した。

この「ケインズ経済学」は、資本主義経済において「市場の失敗」を指摘したという意味で経済学の革命であった。これは古典派経済学に対する批判であり、「市場原理の有効性」に対する革命であった。それにもかかわらず、戦後の西側先進工業諸国の経済成長と経済発展の成果を背景として、ケインズ経済学は新古典派綜合として「新しい経済学」の中に取り込まれてしまったのである。そこには市場の有効性を前提としたワルラス経済学的なマクロモデルの中に労働市場だけが取り残されるが、有効需要の理論が付加的に備えられた新古典派経済学のモデルとなったのである。

「有効需要の理論」を「市場の失敗」の理論として認識し、新古典派経済学としての一般均衡状態ではない「別の均衡＝ケインズ均衡」に向かって、経済は収斂しようとする過程を説明するモデルとしてのケインズ的マクロ経済学の再構築が必要なのである。

リフレ派とは何か

緩慢なインフレを継続させることにより、経済の安定成長を図ることができるとする超現代的なマクロ経済学の理論を喧伝して、マクロ経済政策に取り入れようとする人々を「リフレ派」と言う。アベノミクスの根底にあるのがこのリフレ派の考え方である。

リフレーションとは再膨張の意味であり、経済学的には、景気循環においてデフレーションから脱却して、貨幣需要の増加に応じてマネーサプライ（通貨存在量）が再膨張し、加速度的なインフレーションになる前の段階にある比較的安定した景気拡大期を指している。

リフレ派の主張は、政府・中央銀行が数パーセント程度の緩慢な物価上昇率をインフレターゲットとして意図的に定めるとともに、長期国債を発行して一定期間これを中央銀行が無制限に買い上げることで、通貨供給量を増加させて不況から抜け出すことが可能だとするものである。

しかし、日本経済において、現実的にこのリフレ派の政策は実行されたものの、実現できなかったのである。なぜならば、貨幣存在量の増加は、経済がデフレ状態から脱する過程における結果であり、決して原因ではないからである。

近代経済学を体系的に確立したケインズ経済学派が当時の主流となった時代、主に公共投資の拡大で有効需要を創りだし、投資を波及的に増大させるというケインズ学派の主張を基礎とする政策は、資本主義経済の延命と再生に奏功したが、多くの国において膨大な財政赤字や、慢性的なインフレーション、失業などの深刻な禍根を残してしまったのである。

以降、不況下のインフレーションというスタグフレーションの進行などによって、各国の経済政策は変更を迫られてきたのである。

２００８年のサブプライム問題などに端を発する世界不況の広がりなどから、日本も内外需要が低下、消費の縮小や輸出の減少などが生じた。この結果、景気低迷が長引き、継続的な物価の下落でデフレに陥った。12年に成立した第2次安倍内閣が、これに対する有効打として掲げた経済政策が「財政出動」、「金融緩和」、「成長戦略」による「アベノミクス」であった。そして、その理論的支柱がリフレ派の理論であると言われた。リフレ派の論客として知られる岩田規久男学習院大教授が日銀副総裁となるなど、日銀法改正をにらんだ人事が注目されてきた。

不況脱却の希望は衆論の一致するところで、「アベノミクス」には、小泉内閣による構造改革で削減された公共工事に関連する者などからの大きな期待が寄せられていた。しかし、リフレ派の論拠である「デフレが不況の原因である」との主張に異を唱え、デフレは不況の結果であるから金融政策は有効性を持たないとする意見があったにもかかわらず、無視され続けてきたのである。

また、インフレの先行は、経済的弱者を直撃して貧困を招き、格差を拡大するとの懸念があり、たいした乗数効果のない公共工事は財政赤字を招くだけで、過去に破綻した陳腐な経済政策の焼き直しだと、厳しく批判するアナリストもいたのである。

デフレに対するリフレ派の理解の問題と「凧糸の理論」

貨幣供給量という概念は、ケインズ革命以後、消えたはずであった。なぜならば、日銀（中央銀行）は貨幣量をコントロールできないという問題があるからである。このとき貨幣量を増加させるというインフレ政策は「凧糸の理論」と呼ばれており、いくら糸を長くしても、凧は高くは飛ばないことが知られているのである。すなわち、いくら貨幣量を増加させても、物価は上昇しないのである。それ故に、経済にインフレは生じないのである。

凧を空高く上げるためには、凧糸を長くしなければならない。しかし、凧糸を不用意に長くすると、凧は真っ逆さまに墜落してしまうのである。風の流れと方向を見ながら、凧糸を緩めたり引き締めたりしながら、次第に凧を空高く上げるためには、十分な風の勢いが必要なのである。このような「凧と凧糸の関係」は、貨幣存在量（貨幣供給量）とインフレーションとの関係においても、説明することができる。すなわち、流通する貨幣量を増加させれば、インフレーションが発生するわけではないのである。このような政策関係を「凧糸の理論」と呼ぶことができるであろう。

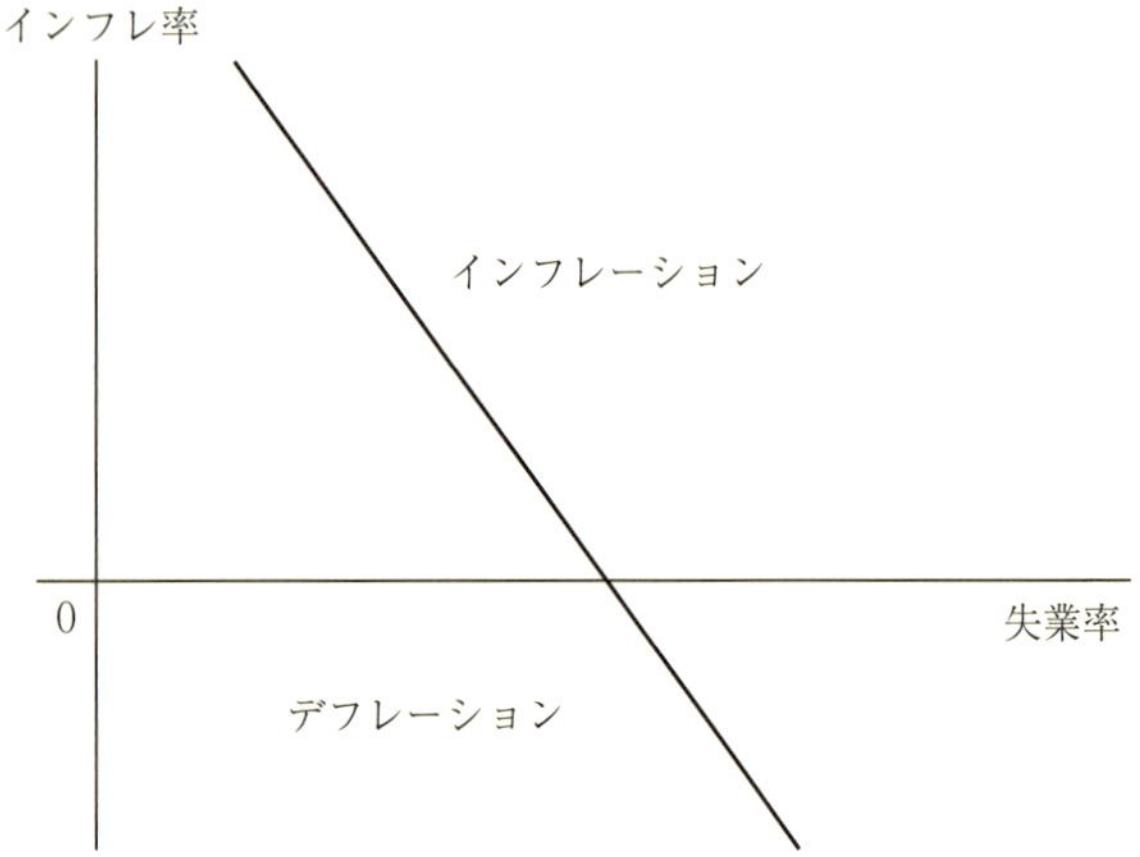

図2―1 「インフレの反対はデフレ」と定義する政府

インフレ状態とデフレ状態は対立概念ではない

政府は図2―1のように「インフレの反対はデフレである」と定義した。しかし、インフレ状態という概念は、デフレ状態の対立概念ではないのである。

なぜならば、図2―2で理解されるように、経験的なフィリップス・カーブからも理解されるように、不況の状態においては物価上昇率は低下するが、ほとんどインフレ率が0の状態か、わずかに負の状態であるからである。

それ故に、デフレ状態に対するマクロ経済政策は、貨幣供給量を増加させるというインフレ政策ではないのである。なぜならば、貨幣供給量の増加によるインフレ政策は、政策手段としても不可能であり、しかも、マクロ経済的にも有効ではないのである。

すなわち、フィリップス・カーブは、図2―3

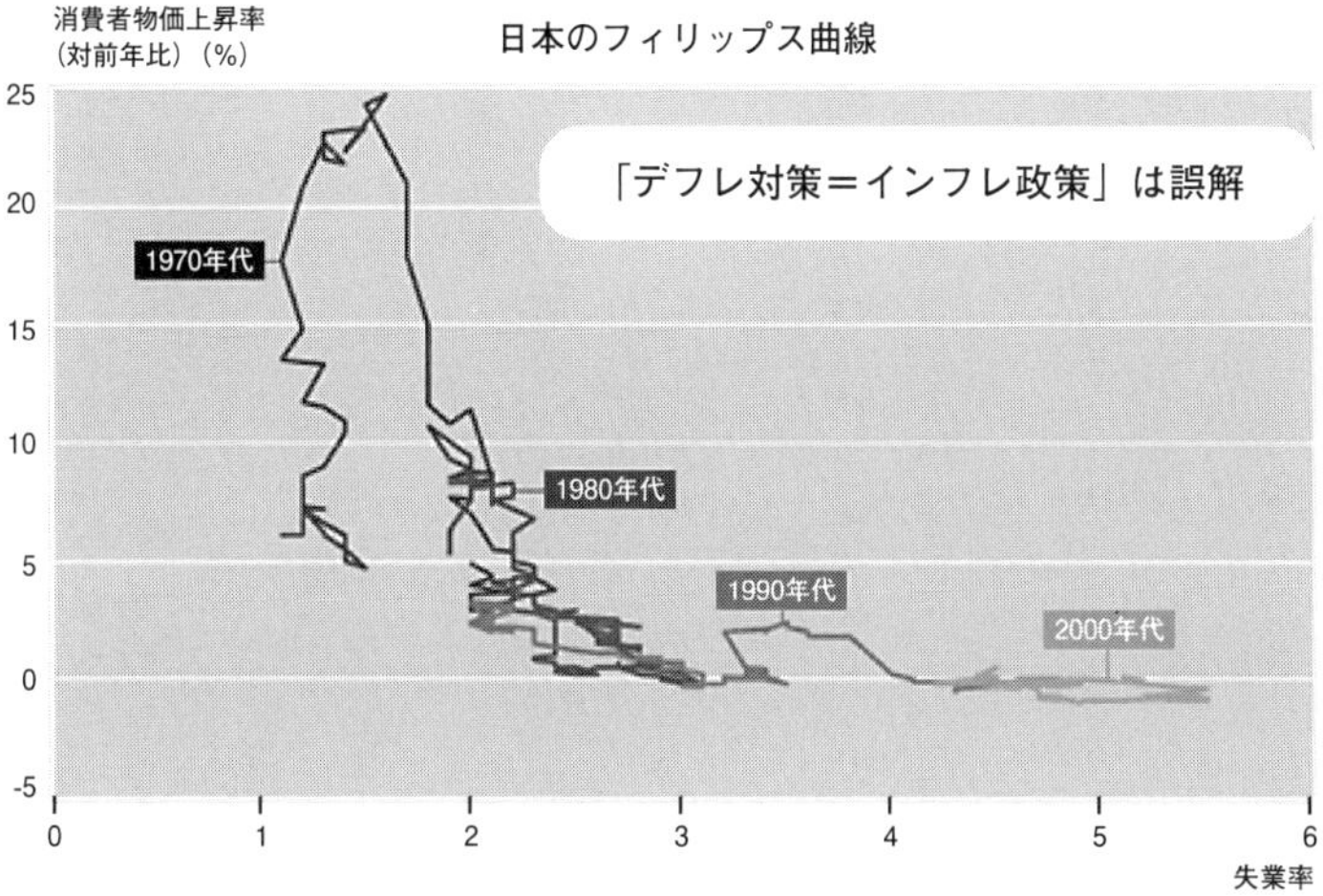

図２―２　1970年代のスタグフレーションの経験

資料：総務省統計局「消費者物価指数」,「労働力調査」を基に三菱総合研究所作成。

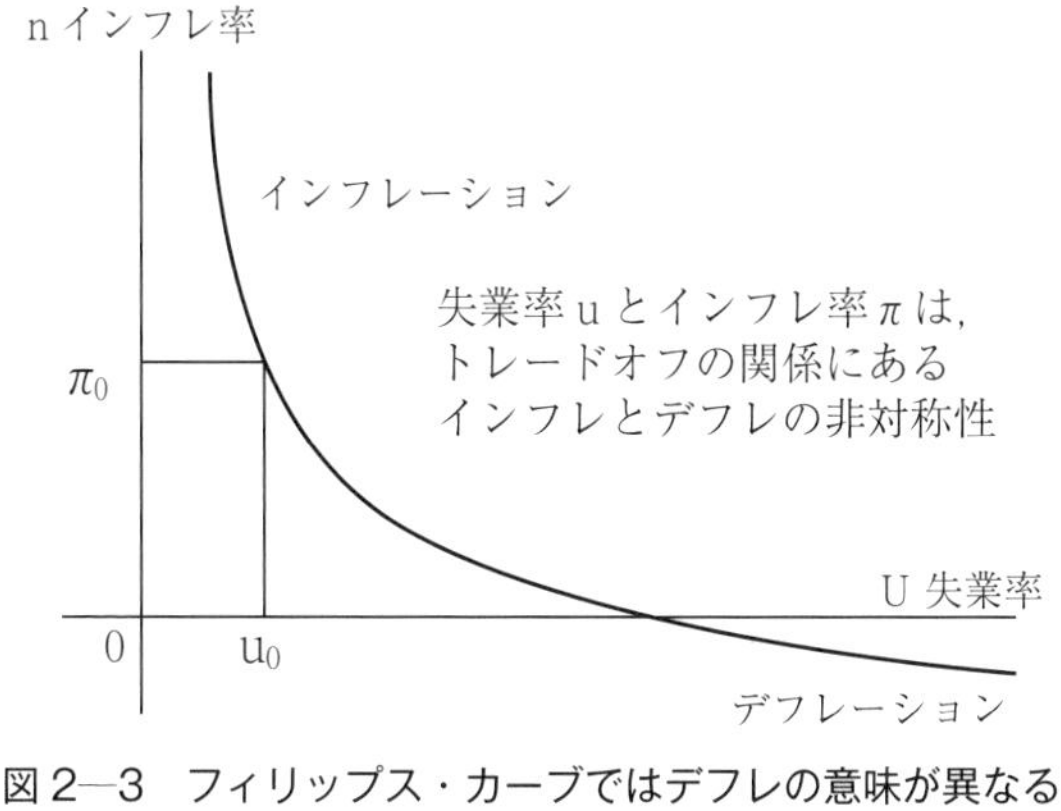

図２―３　フィリップス・カーブではデフレの意味が異なる

のように、失業率とインフレ率とのトレード・オフ関係を反映して右下がりで原点に対して凸状であり、失業率が上昇すると、物価上昇率は次第にゼロないしわずかにマイナスの曲線になるのである。

ケインズは、景気が良くなると物価が上昇すると言ったのであるが、しかし、物価が上昇すると景気が良くなるとは言っていないのである。

日銀の失敗

リフレ派の限界は、経済学的に根拠のない貨幣発行量の増加によるインフレ政策を実行したことであった。金融市場においては追加的な貨幣量は流通せず、日銀に退蔵されてしまったのである。その退蔵された貨幣を、貨幣量の増加と言い張る日銀の政策的な失敗なのである。

財政赤字状態を側面援助するために、市場金利を低い状態に維持して、国債価格を維持しようとする政策は経済全体にとって不自然であり、高齢者の資産運用の限界を助長するものである。日銀は、低金利政策を早くやめることが高齢化対策になるのである。

高齢者の生活費用を捻出するために低金利政策を維持して、大量の資金を獲得して、この低金利状態を支える老人たちの生活費用は若者にたかるという経済政策を演出しているのは、日銀なのである。

今日の国内経済停滞の原因

今日の国内経済停滞の原因は、グローバリズムの世界において、日本の企業の多くが、日本国内の投資から海外へ投資先を替えて大量の投資を行い、国内には経済拡大効果のない投資だけが残ったために失業が増加して、同時に、国内の経済格差が大きく開いたのである。

第3章　改めてアベノミクス批判

1　日本銀行による買いオペレーション

買いオペレーションとは、中央銀行である日本銀行が、市中銀行が保有する国債などの債券を購入してハイパワード・マネーの流通量を増加させ、市場利率を下落させることで、公衆への貸出額を増加させて、民間企業の設備投資や家計の住宅投資を増加させることで有効需要を拡大させる政策である。この「買いオペレーション」の説明は、図3―1のように説明することができる。

しかし、今日の厳格なＢＩＳ規制のもとでは、市中銀行にとって、保有現金の増加に従って貸出額を増加させ、貸出比率の割合を変更することは、貸し出しリスクを上昇させ、自己資本比率の悪化をもたらす可能性が高いことから実現不可能な政策である。

市中銀行は、保有国債の減少額に対応して新規国債を購入するか、あるいは、保有現金の増加分を日銀の当座預金に預けることによって、保有現金の増加に伴うリスクを低減させようとするのである。このことは、図3―22によって説明される。

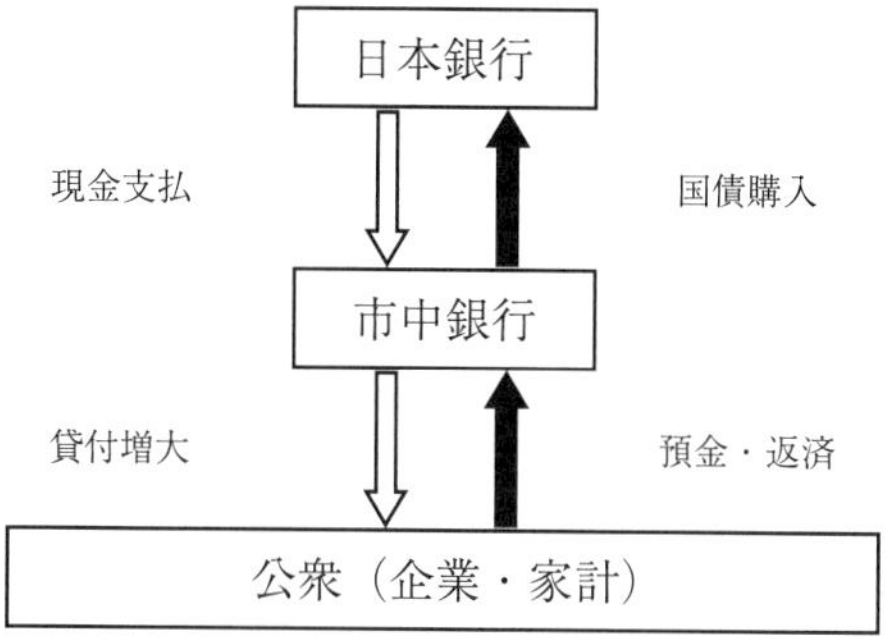

図３―１　金融緩和政策（買いオペレーション）

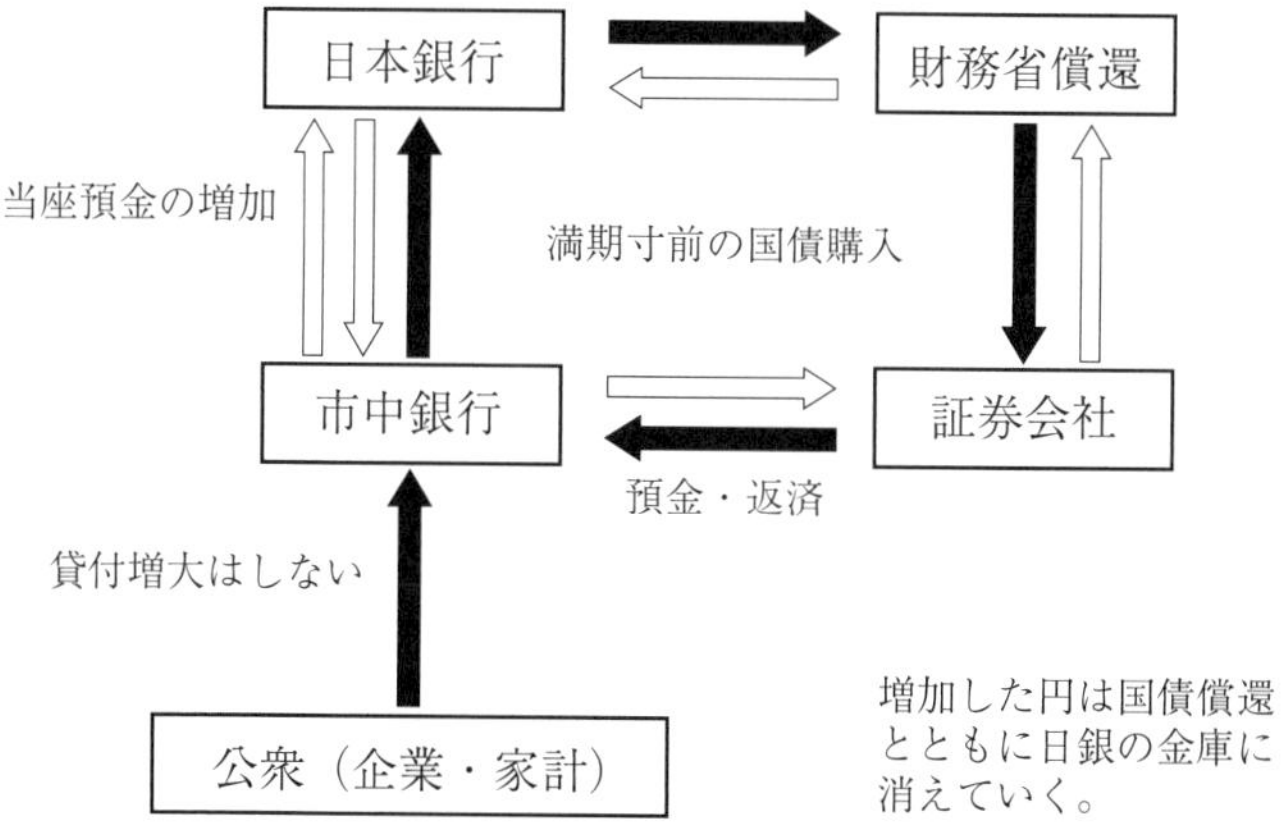

図３―２　大胆な金融緩和政策（買いオペ）

このような市中銀行の行動原理から考えて、日銀の市中銀行を通しての「買いオペ」による金融緩和政策を成功させることは困難であることが説明される。

貨幣乗数

Mを流通貨幣量として、αを預金準備率、βを家計の現金／預金比率とすると、貨幣乗数は、次の（3・1）式のように表される。

$$M=\frac{1+\beta}{\alpha+\beta}H \quad (3 \cdot 1)$$

いま、αとβが一定所与であれば、ハイパワード・マネーHを増加させると、貨幣流通量Mは増加すると説明される。

大胆な金融緩和政策

黒田日銀総裁は「大胆な金融緩和政策」を実施していると説明している。すなわち、BIS規制に基づいて貸出比率を変更できない市中銀行に対して「買いオペ政策」を実行することによって、日本銀行は償還時期が近い国債を購入して利益を得ており、銀行は販売した国債と同額の国債を新規に購入するか、あるいは、国債を売って得た現金を日銀預け金として、日銀の当座預金の口座に預けるのである。このようにして民間銀行は、自己資本比率を守っているのである。

すなわち、「大胆な金融緩和政策」とは市中銀行を通した日銀の国債購入政策であり、市中銀行の利益の横取り政策なのである。追加的な貨幣量は、市中の流通量にはほとんど影響を与えず、政府に新規国債の売り上げ代金として現金が支払われることになるのである。やがて、日銀が購入した国債の満期到来とともに、追加的貨幣は日銀に還流するのである(1)。「大胆な金融緩和政策」によってさえも、経済全体に流通する現金量が増加しないプロセスは、次のようにして説明することができる。

BIS規制の罠

以上の説明から明白なように、日銀の「買いオペ」による公開市場操作によっても、BIS規制のために、市中銀行の融資額を増加させることはないために、有効需要は拡大しないのである。これを「BIS規制の罠」と言うことができるであろう。

預金準備率の上昇

しかし、今日の日本経済における貨幣乗数においては、αはハイパワード・マネーHの変化量に比例して動いているのである。すなわち、$\frac{H}{\alpha}\frac{d\alpha}{dH}=1$である。

$$\frac{dM}{dH}=\frac{1+\beta}{\alpha+\beta}-\mathrm{H}\frac{1+\beta}{(\alpha+\beta)^{2}}\frac{d\alpha}{dH}=\frac{1+\beta}{\alpha+\beta}-\mathrm{M}=\frac{1}{\alpha+\beta}\frac{\alpha}{H}=\frac{M}{H}\left(1-\frac{\alpha}{\alpha+\beta}\right)=\frac{M}{H}\left(\frac{\beta}{\alpha+\beta}\right)$$

$$\frac{H}{M}\frac{dM}{dH}=\frac{\beta}{\alpha+\beta}$$（∵弾力性の値は、例えば、$\frac{0.08}{0.1+0.0.8}=0.074$であろう）

すなわち、ハイパワード・マネーHを1％増加させると、貨幣の流通量Mは0・074％増加するのである。つまり、買いオペレーションの景気拡大効果はほとんどないことが説明されるのである。

日銀当座預金の増加

以上の説明から、日銀の当座預金が急激に増加していることは、日銀統計からも図3—3のように説明することができるのである。

長期国債保有額の推移

日本銀行が保有する長期国債が、異次元緩和開始以来、初めて減少した。

日本銀行が2014年11月に保有していた112兆8045億円から、2017年9月末に保有する長期国債は、404・2兆円と300兆円も増加している。8月末（404・9兆円）からみると若干の減少である。9月末には394・3兆円と、8月末（394・5兆円）か

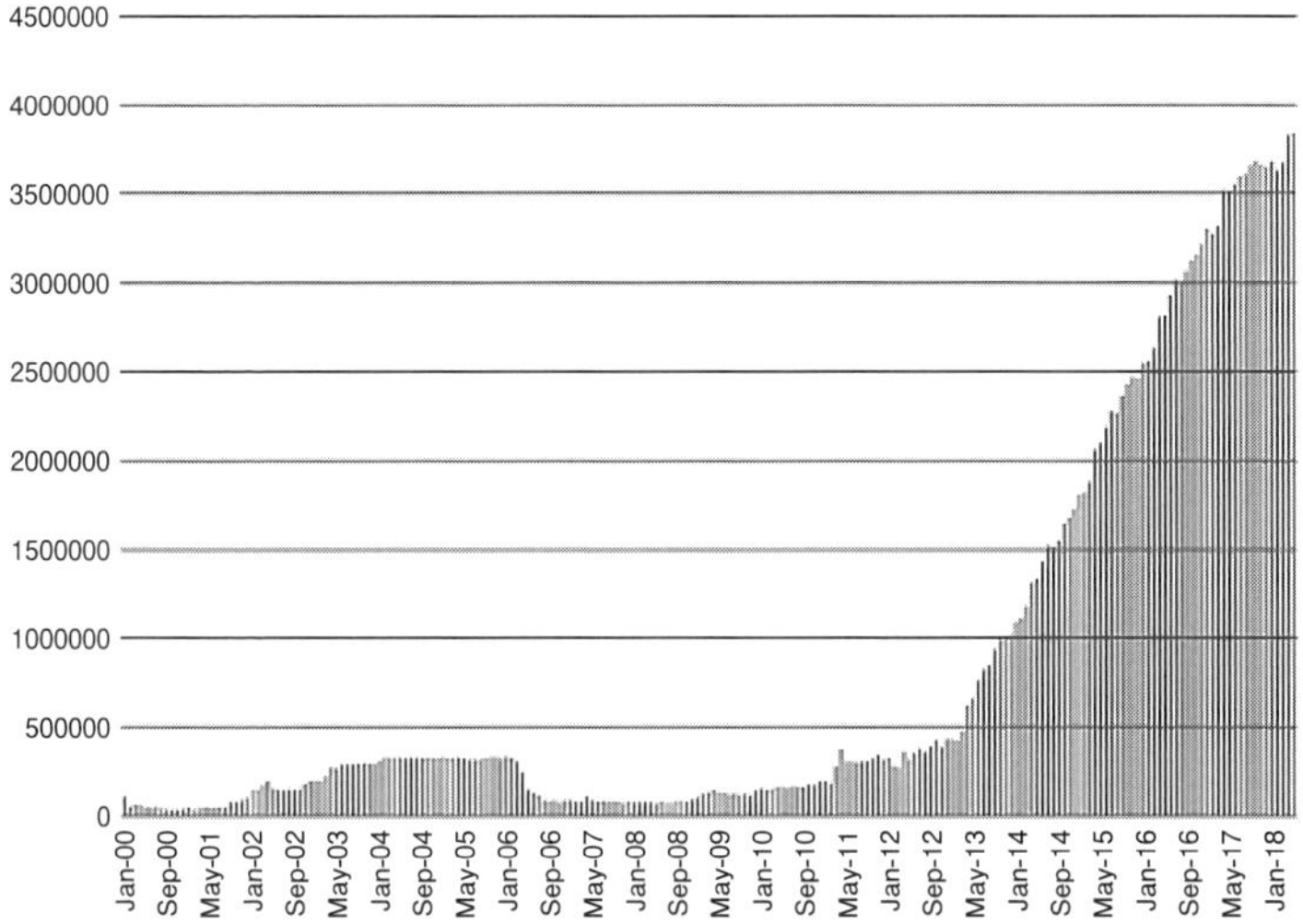

図３—３　日銀当座預金月平均残高

出所：日本銀行主要統計データ一覧。

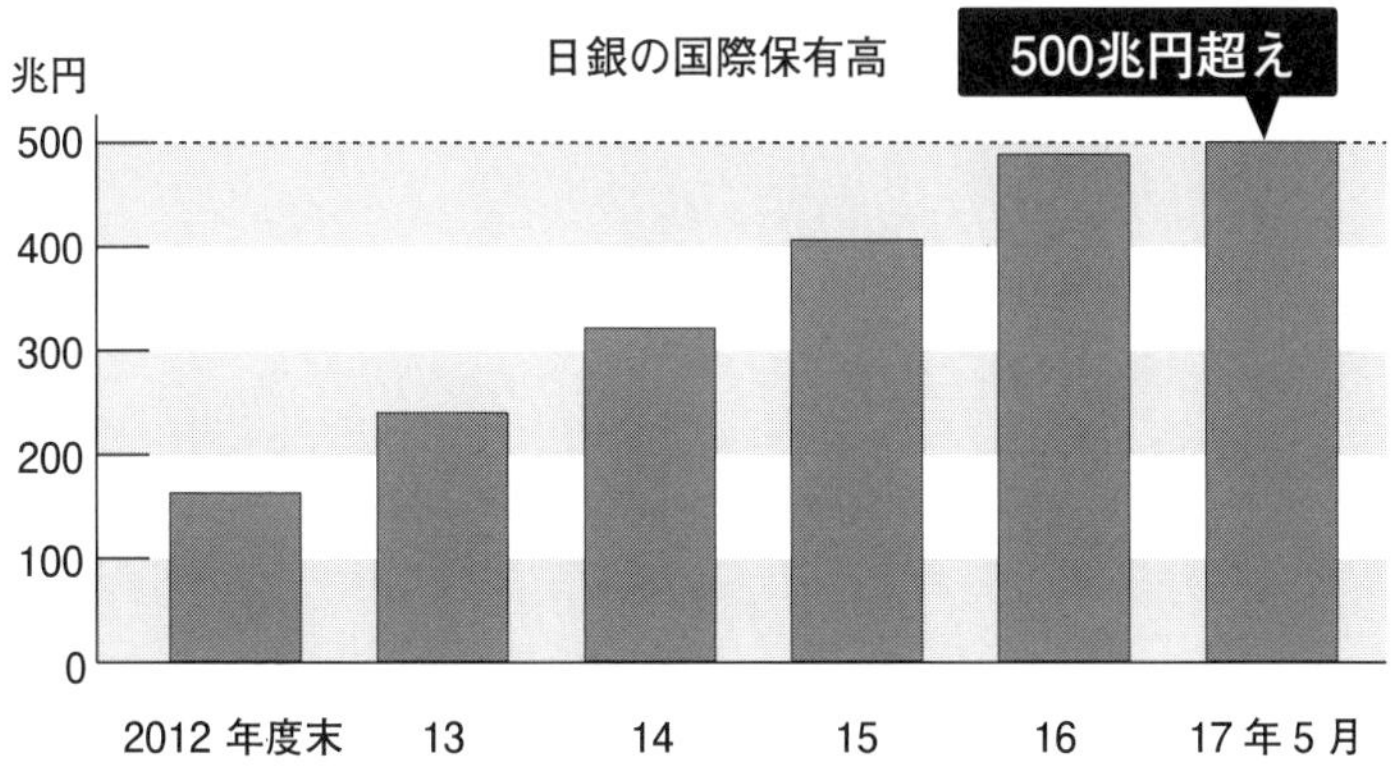

図３—４　日銀の国債保有高

日本銀行が保有する国債残高は GDP の 65% になろうとしている。
出所：内閣府，日銀。

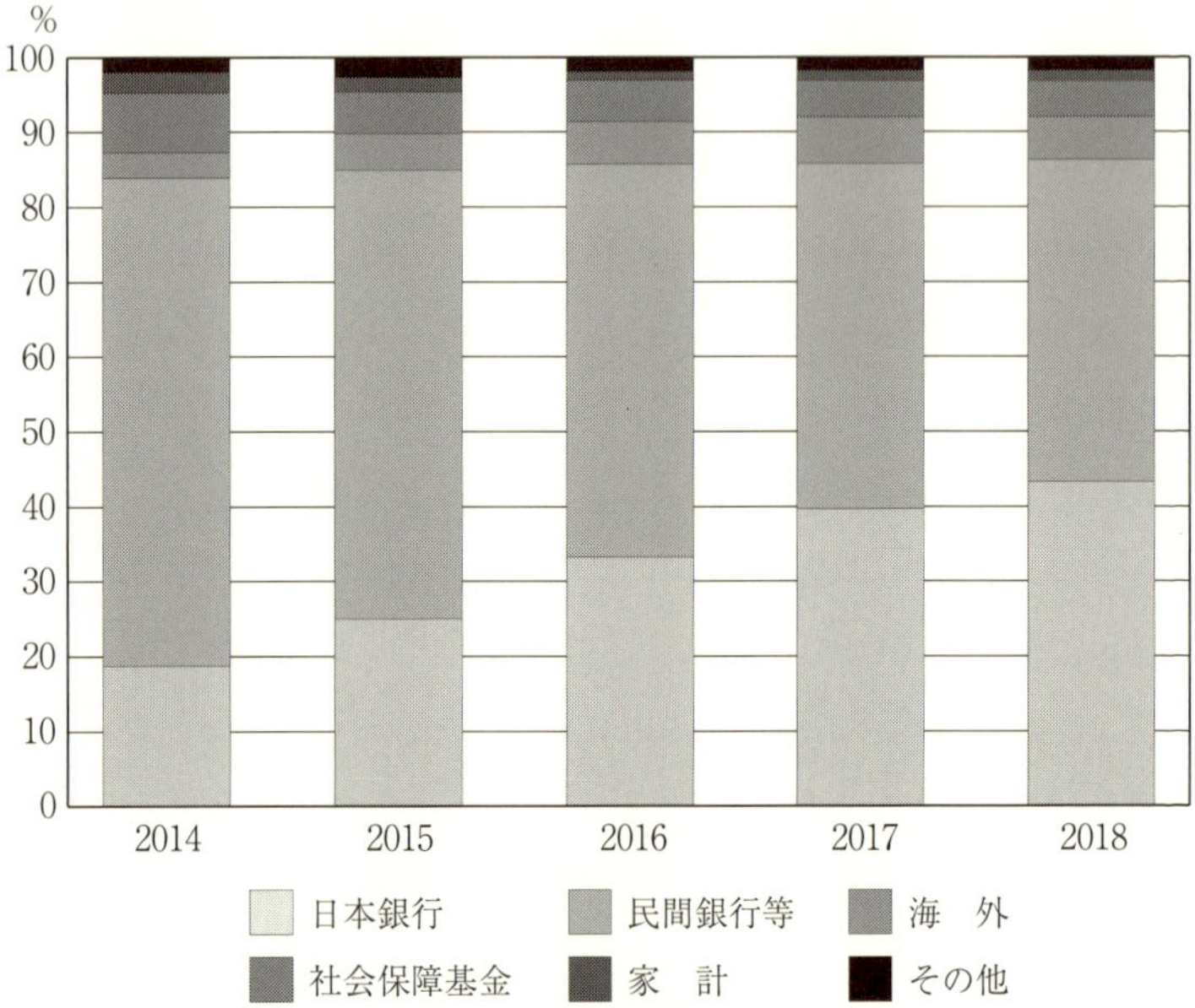

図3—5　国債保有者別分

出所：日本銀行「資金循環統計」より筆者作成。

らふたたび減少している。これは、日銀黒田東彦総裁が、２０１３年4月に量的・質的金融緩和を導入してから初めての減少である。

これは、「国債買い入れの限界到来時期を先伸ばしする狙いであり、買入額を減らす動きを続けている」のである。残高減少は「4年半続いてきた『量』的政策の大きな節目と位置付けるべき」であり、今後は金融調節方針の操作目標を、お金の量から金利に変える長短金利操作を導入し、長期国債買い入れ額（保有残高の年間増加額）のめどを約80兆円としたのである。

上の図3—5から、日本銀行が

確実に国債保有の割合を増加させていることがわかる。2013年4月4日の金融政策決定会合で決定された量的・質的金融緩和政策（異次元緩和）で、国債購入を積極的に行った結果、日銀のシェアが増加しているのである。第二次金融緩和政策が2014年10月末に実施されており、それも反映した形で、金融緩和政策という名の日銀国債保有が増加しているのである。しかし、実物経済への経済拡大効果の影響は、一切ないと言うことができるのである。

ここで、その他の項目には、非金融法人企業、非営利団体、地方公共団体、中央政府が含まれている。

以上の説明から、日銀の黒田総裁の「大胆な金融緩和政策」は、インフレ政策のためには有効でないことは明白であり、景気刺激のためにも有効ではないということも明白である。すなわち、愚かな金融政策なのである。

本来、金融緩和政策によるインフレ政策は、デフレ対策でもなければ、景気刺激政策にもならないことは明白である。

異次元の金融緩和政策

ＢＩＳ規制に伴う自己資本比率維持のために、財務省と金融庁は長年の間、外債を保有することを勧めている。日銀の買いオペレーションによる金融緩和政策の結果、国債を日銀に販売して得られた現金の一部は、政府の指導もあって、外債の購入に充てられるのである。

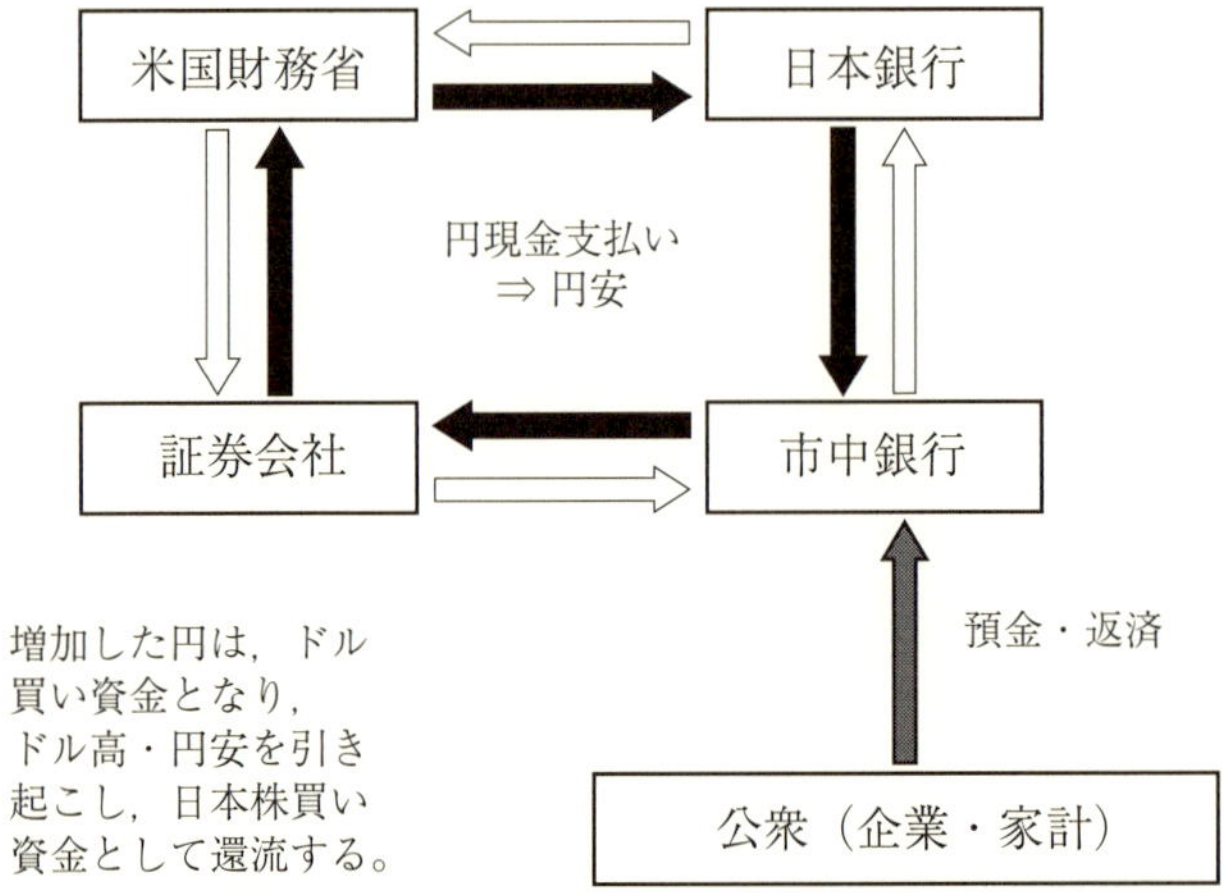

図３―６　異次元金融緩和政策（買いオペ）⇔ 米国への金融緩和政策？

また、日銀は、外国為替市場の為替操作政策を通して短期国債を購入し、あるいは、直接的に外国債券を購入することによって円安政策を導いているのである。すなわち、「異次元の金融緩和政策」とは、日銀による直接的・間接的な外債購入政策であり、円安・ドル高誘導政策であって、国内の有効需要を拡大するための政策ではないのである。

アベノミクスの失敗とクロダミクスの失敗

このように日銀の黒田総裁が採用してきた2つの金融緩和政策は、日本経済の現状においては、非現実的な有効需要政策としては無効なマクロ経済政策であり、不必要な経済政策なのである。

日本経済の実際においては、「買いオペ」による通貨供給量の増加は、「ＢＩＳ規制」のもとでは到底、実現不可能な金融緩和政策だからである。しかも、日銀による貨幣供給量の増加というインフレ政策の情報に接して、日本の国民が予想インフレ率を上昇させることは、当然のように期待できなかったのである(2)。

この5年間において、国民は金融政策に対して無反応であった。すなわち、予想実質金利下落は生じず、設備投資増加は実現しないままで推移したのである。まして、今日の日本企業の多くは多国籍企業化しているために、企業の国内投資は海外投資との関係から意思決定されることから、金融緩和政策が国内の景気回復に成果をもたらし、デフレ状態脱出のための政策としては無効であったのである。

マクロ経済政策としての失敗

インフレーションを起こせば、経済成長が実現することはないのである。経済成長が実現する結果として、実物経済における諸財・サービス間の一時的な超過需要や需要の増加に従って生産量・供給量が増加することによって、生産要素市場と生産物市場において摩擦が発生する結果、わずかなインフレーションが生じるのである。

ここで、黒田総裁がかつて約束した「2%のインフレ」とは、経済成長してインフレーションが発生した場合に、インフレーションの許容範囲を2%に抑えるという意味でしかないのである。しかし、消費税の5%から8%へ、そして、10%への上昇によって生じる物価の上昇とは一度きりの価格上昇であり、インフレーションの発生ではないことに注意しなければならないのである。

ＢＩＳ規制という名の軛《くびき》

今日の日本経済における金融緩和政策は、ＢＩＳ規制による「自己資本比率規制」の存在によってその有効性は封印されているのであって、民間銀行は自由に動けない経済環境にいるのである。また、もし日本銀行が自由に貨幣供給量を増加させることができるとしても、「罔糸の理論」によって、「大胆な金融政策」も「異次元の金融政策」も無効な政策なのである。外国為替相場を混乱させ、株価を歪めて、金融資産構成を歪めて、外人投資家へ便宜を提供しているのであり、国内の国民の資産を減少させているのである。すなわち、日本の株価が上昇しても、国内の誰にも利益はないのである。

日銀が海外の金融資産を購入して、直接的な円安政策を実施することによって、円安・ドル高の為替相場を実現し、海外からの投資を増加させ、東京株式価格を上昇させて、「日本人の資産を海外流出」させるのである。

【注】

（1）このとき、利回りの高い満期真近の国債を償還することによって、日銀は巨大な利益を稼ぎ出すのである。

（2）インフレは価格体系の歪みをもたらし、資源配分の効率性と所得分配の公正を乱すことから、本来望ましい政策ではないのである。特に、日本企業の海外展開への構造変化を逆行させる政策は、企業に負担を強いることになるのである。

第4章　改めてアベノミクス批判
——第2の矢と第3の矢への批判——

1　第2の矢

社会資本建設のために、政府が国債等の借り入れを行った場合には、当該社会資本の建設でもたらされた社会的利益によって発生した政府の税収入から、利子と元本を返済しなければならない。この返済が滞ると、インフレーションになるのである。

民間のアパートやマンション建設の場合は、建設後の販売から得られる住宅の代金収入や家賃収入から、利子や元本の返済が行われる。もしこの返済が滞ると、建設会社は赤字を計上して対策を考えなければならない。極端な場合は、この建設した会社の倒産という事件になるのである。後始末は、当該銀行等の関係者が処理することになる。

しかし、低所得層の人々の救済のために政府がアパート等を建設した場合には、彼らに支払い能力はないことから、政府には家賃収入がなく、返済は不可能となる。社会が豊かであり、政府の財政に余裕がある場合には、社会の安定と繁栄という間接的な評価として、政府が余剰財政資金から返済を行うことができるであろう。

具体的には、低所得を景気拡大政策によって解消して、周囲の生活環境が改善され、彼らの所有する地価が上昇するならば、その土地の課税額が増加することから、利益が政府の税収として発生し、建設費用に還元する方法もある。このとき、彼らの生み出す消極的善意と、貸し手としての政府の積極的租税政策との齟齬が発生する可能性はある。政府は、人気を稼ぐためには、インフレーションになることを耐えなければならない。そうでない場合は、必要な額を貨幣の新規発行で埋め合わせるならば、経済全体のインフレーションとなって返済されることになるのである。

証券化の問題

将来において一定の購入のための支払いが保障された生産物と、将来時点において交換可能な債券を現時点で発行することによって、この生産物を現時点で買い取り、残余を資金として事前に受け取り、投資資金として稼ぐという方法がある。信用の先取りである。将来時点で生産物が間に合わない場合は、購入して賠償しなければならないため、インフレーションの発生が予想される。

2　第3の矢

2・1　非正規社員の解消が重要

積極的な財政政策による公共事業拡大政策だけでは、経済波及効果は少なく、無駄な公共事業が顕著になり、非正規社員の増加のもとで失業率の低下が発表されるなどの多くの問題が発生(4)しているのである。政府が行うべき政策は、正規雇用増加と非正規雇用減少のための政策である。主婦のパート労働に対する所得税の問題や、非正規社員の正規雇用という労働市場の改善を求める世論とは乖離した政策として、政府は地方の雇用創出を目的とした「地方創生」政策を発表したのである。

アベノミクスの成果として、失業率が低下したと主張する。しかし、就業者数の水準は決して回復していない。非正規雇用労働者は、平成5年から平成15年までの間、増加し続けている。非正規社員の割合は、平成25年平均で、役員を除く雇用者全体の36・7％である。特に15～24歳の若年層で、平成5年から平成15年にかけて大きく上昇している。雇用形態別にみると、近年、パート、契約社員・嘱託が増加している。

アベノミクスは、労働市場においては、対処療法的な政策としても失敗であった。なぜならば、非正規社員の問題を解決する政策が提示されていないからである。

失業問題を解決するということは、雇用を増加させることである。しかし、今日の日本経済では、正規社員と非正規社員という同一労働内の格差の問題を解決することが重要なのである。労働市場における雇用のミスマッチが原因であるとするならば、現代経済学における労働の同質性の仮定に限界があるということである。かつて出稼ぎ問題が議論されたように、地域間の景気格差が所得格差発生の原因となっているのである。しかし、地域間格差の中には、生活費用格差に基づいた修正が必要である。

政府は、地域創生の意味を再認識するべきである。地域が東京を助ける時代から、地域が日本経済をリードする政策が必要であるというメッセージである。このことこそが、アベノミクスの限界を説明しているのである。

兼業化

そのためには、地方における雇用の推進が必要である。地方経済の強さは兼業化である。かつての海岸部の半農半漁や、肥前の半陶半農のように、地方経済の実態と生活実感に対応した政策が必要である。

2・2　災害に強い日本づくり

アベノミクスの失敗の原因は、政府の公共事業への投資の失敗にある。最初に、3・11災害に対する復興のための政策である。巨大なテトラポットを海岸線に並べて、これを海岸線に埋設してみても、海岸線の自然破壊を導くだけである。高さ30メートルの堤防を延々と数10㎞にわたって建設しても、地元経済の活性化に貢献するはずもなく、日本経済の景気刺激にさえも貢献しないのである。まして、次に来ると予想されている津波対策にもなっていないのである。より高い堤防は、より大きな津波から人々の日常生活を遠ざけ、結果としての被害をより大きくするだけなのである。

「より高い堤防は、より大きな津波から、人々の日常生活を遠ざける」というのは、次のような意味である。

海岸線に永く住んでいる人々は、津波を肌で感じるそうである。まず最初に、海からの風が変わるそうである。普段と異なる風に気が付くころ、風の匂いが次第に変化してくるそうである。そして風の匂いが大きく変わるそうである。津波は、海底の水を巻き上げながら陸に近づくために、海底の匂いがするそうである。次に、海の色が変わるそうである。沿岸の水の上に沖合の潮が現れ、やがて海底の水が海水面に現れるのである。そして、その異なった色の潮水が、次第に海岸に向かって流れてくるのである。

そして、水位の変化である。次第に水位が上昇し始めるのである。津波の到来とともに、水位が上昇し始めるのである。津波は第一波、第二波と押し寄せてくるのである。それに伴って水位が上がったり下がったりしながら、津波が押し寄せてくるのである。

以上のように日頃、海岸線に住む人々は、肌で風を感じて、鼻で匂いをかぎとって、目で海を見て、空気を吸って津波を感じ取るのである。人々は五感によって、津波を1時間以上も前の段階で感じ取るそうである。

そこに高い堤防を作ると、どうなるのであろうか。堤防があると、風を日常的に感じることができないのである。そして、匂いを感じることができないのである。しかも、堤防があると、水位の変化が見えないのである。高い堤防に到着した津波は突然、住民の頭上30メートルから降り注ぐのである。突然現れる津波の匂いと潮水と音に、人々はなすすべもなく飲み込まれるのである。

これが現在、建設されている堤防がもたらす新しい津波被害である。三陸海岸に住む人々ならば、ほとんどの人が知っている津波についての知識を、国とゼネコンの人は知らないのだろうか。もし、知っていて建設が続けられているならば、それは犯罪なのである。

2・3　自然環境にやさしい日本経済

公共事業の見直しのためには、日本経済全体の閉塞感を克服することが緊急の課題であり、日本経済の本質的な諸問題を解決することが重要である。

それは、日本列島における環境問題への取り組みであり、枯渇性資源による環境問題への対策である。また、経済全体の物流網の改善による物流費用の問題解決策である。

枯渇性資源による環境問題の悪化対策は、自然エネルギー利用の拡大ではないことはすでに明白である。すなわち、われわれが現在時点で注意しなければならない問題は、これまでの太陽光発電の矛盾、そして、風力発電の矛盾である。そして、自然エネルギー利用を生活者に負担させるという売電制度の矛盾を直視するべきである。
これらの問題については、次の章で議論する。

固定価格買い取り制度（FIT）の矛盾

固定価格買い取り制度は、2011年の東日本大震災の1年後、当時の菅直人内閣のときに始められた。原発をゼロにして、再生可能エネルギー電力を供給した企業から、電力会社が高額で電気を買い取るという制度である。しかし、この制度は欠陥だらけである。

再生エネルギーの中心である太陽光発電は、安定供給を確保するためには致命的な欠陥を持っている。まず、夜中は発電できない。日本の四季折々の不安定な気候に弱く、台風や風雪に弱いなどである。それ故に現在の稼働率は15％程度であり、売電としては効率的なものではない。また、広大な用地を確保するのが困難である(2)。

この制度の大きな矛盾の1つは、建設計画もないのに書類申請だけで認可されるという杜撰なものである。そのため、電力事業の専門でもない企業が殺到した、矛盾の大きい制度である。

当初、九州電力や北海道電力、沖縄電力、四国電力、東北電力の各電力会社が、買い取りを拒否したのである。この再生電力の買い取り資金は、消費者からの再エネ賦課金なのである。新しい電源のために税金のように金を取られていることを、多くの家計は知らないのかもしれないのである(3)。

２０１７年４月から、この制度の見直しがなされ、価格の上限設定や入札制度が導入されて幾分かの改善が行われた。しかし、太陽光発電や風力発電には、今後も可能性は見出せないことは明白である。

２・４　混合診療

公的保険（健康保険）のきく診療ときかない診療（自由診療）とを組み合わせた診療が受けられる混合診療が、２０１６年から解禁になった（４）。一見、診療の範囲が広がったように見える。しかし、混合診療を受けると、わずかな例外を除いて、保険適用分も全額、自己負担になってしまうのである。自由診療では、高額の薬代が請求される場合があるのである。

【注】

（１）安倍政権発足以前から、失業率は傾向的に低下していた。有効求人倍率は、もともと上昇過程であった。

（２）原発１基分の電力を供給するのに、山手線内ほどの面積が必要である。

（３）２０１５年時点で、「新エネルギー」が全電力量に占める割合は４・７％であり、太陽光はその４分の３ほどで、３・５％程度である。

（４）緊縮財政路線において政府は、社会福祉関係の支出削減のために、公的保険の適用範囲を狭めようとしているのである。

第5章　今後の経済政策のあり方

アベノミクスの考え方は限界にあると考える。すなわち、これまでの軌道修正型の経済政策ではなく、新しいパラダイムに向かう政策スタンスの転換と、経済政策の手法の転換が必要なのである。

本章では、そのための方法論の基礎として「ネガティブ・フィードバック」の考え方と「ポジティブ・フィードバック」の考え方について説明して、以下の各章において、具体的な政策のいくつかの立場を説明する。

1　ポジティブ・フィードバックとネガティブ・フィードバック

AがBに信号を送ると、BはAに対して調節をする。これをフィードバックと言う。ここで、AがBに信号を送ると、BがAに対して正の調節を行う場合、つまりAがBにさらに信号を送るよう調節する場合を、ポジティブ・フィードバックと言う。

逆に、AがBに信号を送ると、BがAに対して負の調節を行う場合、つまりAがBに信号を送らないように調節する場合を、ネガティブ・フィードバックと言う。

1・1　ポジティブ・フィードバック（Positive feedback、正帰還）

ポジティブ・フィードバックは、出力の一部を帰還回路を通して入力に加算する制御系のことである。出力の解が拡散することから、非安定平衡となる。生体系においても同様のシステムが存在する。

ミュルダールの累積的因果関係論においては、すべての要因は相互に関係していて、要因と要因が互いに影響し合い、変化の度合いがますます強まるような状況のことを意味している。

現代のシステム理論は、ポジティブ・フィードバックと呼ばれる仕組みであり、収穫逓増の経済学の源流に連なっている。

1・2　ネガティブ・フィードバック（Negative feedback）

ネガティブ・フィードバックとは、出入力の流れにおいて、望ましくない要素（雑音）が増幅されて出力者側へ返ってくることを言う。

工学の分野では、電子回路（増幅回路）について言及される。その他、医学・生物学の分野や経営・マーケティングの分野においても、雑音が他の障害要素として説明されることによって理解されることが多い。

経営・マーケティングの分野におけるネガティブ・フィードバックは、一般的には、評価を下げる内容の決定・感想が下されることを指す場合が多い。
以上の具体的な考え方として、三大発明を例に挙げて説明する。

2 三大発明

人類の三大発明は、すべて支那での発明であると言われている。三大発明とは、火薬と羅針盤と印刷機である。これに紙を入れて四大発明と言う場合もある。ここでは、紙と印刷機を一緒に考えて、三大発明として議論する。

支那では、この三大発明が今日のような意義を持つものとしては理解されず、利用されずに実らなかったのである。これは、それぞれの発明に対して、中国の社会システムがネガティブ・フィードバックの状態であったことを意味している。

三大発明は、それぞれの時間と場所を経過して、やがて陸路シルクロードを越えて、あるいは海路チャイナロードを越えて、アラビア文化、ヨーロッパ・ルネッサンス文化へと語り継がれていく。そして、ルネッサンス期のイタリアにおいて花開くのである。これが三大発明のポジティブ・フィードバックである。この流れはヨーロッパ社会では、ドイツやフランスにおいては「宗教改革」となり、ポルトガルやスペインにおいては大航海時代へとつながり、イギリス社会においては「産業革命」となるのである。

2・1　三大発明と西欧諸国

ヨーロッパが世界に先立って先進国となった原因は、ヨーロッパ社会が三大発明を受け入れ、それぞれの場所と時間を経過して応用され、利用されて、次第にポジティブ・フィードバックとしての様相を持つようになり、ヨーロッパ世界に受け入れられて拡散して行ったことにあると考えられる。

火薬は鉄砲を生み出し、国家の軍隊と官僚制度を創り出して、近代国家への途を進んだ。そして、支配の領域としての国境という概念と、支配の民という意味での国民という概念を生み出し、財産と権利の保護と国の防衛を目的とした租税制度と財政制度が誕生するのである。そして、国民社会が形成されるのである。

羅針盤は、西欧の西の果てのポルトガルやスペインにとって地中海貿易以上の利益を求める大航海時代を導き、バスコ・ダ・ガマやマゼランのような冒険者を生み出して、やがてコロンブスの新大陸発見につながったのである。

また、アフリカ大陸との関係においては、鉄砲による黒人奴隷と三角貿易の進展による貿易利益によって、植民地支配と三角貿易から得られる巨万の富をヨーロッパ諸国にもたらしたのである。宗主国は、やがてアフリカやアメリカ大陸の植民地の支配によって利益を得て、400年～500年間の西欧諸国の繁栄の基盤となったのである。

紙と印刷技術は、キリスト教徒に免罪符の印刷を通して利益を上げさせ、同時に聖書を印刷することによって、聖書の普及と世俗化が進められた。誰でも聖書を読める時代は、宗教家にとっては大変な試練の時代となり、やがて無教会主義の出現と宗教への疑問を通して、ヨーロッパ大陸全土に宗教改革と宗教戦争をもたらしたのである。

2・2　三大発明と産業革命

国家の概念と産業革命の成功は、国民経済の発展と拡大を生み出した。市場の拡大を求めて、アフリカのみならず、インドやアメリカ大陸を植民地として、やがてアジア諸国までも植民地とする経済的拡大を導いた。西欧諸国の近代国家の繁栄によって、植民地経営における先進国の利益とアフリカ大陸・アメリカ大陸の諸国の利益は表裏一帯の関係になったのである。

宗教改革から民主主義革命をとおして、絶対王制が終焉を迎えると、今度は国家間の植民地経営を巡る利害対立が生じ、王様の戦争から国民の戦争へと変化していったのである。この戦争の犠牲は、常にアフリカや中南米、そしてアジア諸国であった。

日本もロシアの南下政策を防ぐための隣国として、戦わない清国に取って代わってイギリスに踊らされて朝鮮半島に進出し、支那の東北部（旧満州）においてロシアとの戦争に駆り出されたのである。

三大発明と産業革命の落とし子が国家主義であり、帝国主義であり、植民地主義であった。

3　イノベーション

今日の経済システムは、モノづくりよりはシステム構築に力点が置かれている。すなわち、技術よりはパラダイムの形成である。

新しい技術の発明や新しいアイデアから、社会的なモノや仕組みに対して新たな価値を創造し、社会に大きな変化をもたらす自発的な人・組織・社会の変革の時代が来たのである。

熱機関の発明が蒸気機関を生み出して、自動車や飛行機を生み出したように、また、半導体がコンピュータを生み出して、インターネットを形成して、社会に新しいシステムを導入したように、20世紀型のパラダイムから21世紀型のパラダイムへのシフトが必要な時代に突入しているのである。

20世紀型のパラダイムとはネガティブ・フィードバックの時代であり、経済学は規模に関して収穫逓減の世界にいた。しかし、21世紀型のパラダイムとはポジティブ・フィードバックの世界であり、経済学は規模に関して収穫逓増の世界にいることになったのである。

それは、アメリカ中心の世界から他の地域周辺の世界にシフトするのではなく、新しいパラダイムの世界へのシフトを考察すべき時代なのである。

そのような経済社会においては、ソフトの私有化とハードの国有化の時代から、システムの国有化の時代へとシフトしていかなければならないのである。

4 グローバル経済における国内経済の課題

戦後のマッカーサーの占領で、アメリカ文化によるアメリカ化という植民地支配を受けた日本は、アメリカからの占領文化を享受して、アメリカ文化の価値観を受け入れてきたのである。

国連の敵国条項が取れないままの日本では、国連による平和とか、GATTとWTOによる自由貿易、IMFによる自由で多角的な無制限の決済システムという、それぞれの夢と希望に満ちた虚構の時代は終焉したのである。世界の政治・経済システムの限界を理解し、新しいシステムの構築を目指す世界において、日本人が重要な役割に挑戦する時代なのである。

そのための、今後の日本経済の課題は、日本人としての教育である。いつでも海外に飛び出すことができる日本人に求められることは、日本人としてのアイデンティティであり、日本とは何かを説明する能力である。このような日本人を創るためには、英語教育ではなく日本語をまともに教え、日本の文化と歴史をまともに理解することが基本であり、重要な要因であることを理解するべきなのである。日本語で、読み書き、そろばんができない子供たちの前途は、外国資本に雇われる使用人の世界なのである。

第6章 ピラミッド建設の意義―再考察

ポジティブ・フィードバックの例を、私たちはエジプトのピラミッド建設に見ることができるのである。

1 J・M・ケインズ政策の復権

J・M・ケインズによるピラミッド建設の意味

ケインズの有効需要拡大政策の最良のものは、経済全体の生産力を増加させないままで、有効需要を拡大することとである。生産能力の増加は、やがて有効需要の不足を助長することになるからである。それ故に、「ケインズ政策の説明」(1)において「総供生産力を拡大しない」という意味で、「無駄な公共事業が重要である」と説明したのである。この無駄な公共事業の最も有名な例が「ピラミッド建設」である。

「財務省が古い瓶に紙幣を詰めて炭鉱の跡地に適切な深さに埋め、採掘権を競り落とした民間企業に「レッセ・フェールの原則」(自由放任主義)に基づき掘り出すことをさせれば、失業はなくなるだろう。波及効果で所得も資本蓄積も増えるだろう。もちろん、住宅などを建設する方が賢明なのだが、政治的な理由でそれが難しいのであれば、何もしないよりは上記の方がいい。」（J・M・ケインズ『雇用利子および貨幣の一般理論』、220～221頁）

ここで公共事業は、無駄な公共事業と有意義な公共事業とに分類されることになるのである。いま、経済はデフレ状態にあり、完全雇用国民所得水準をY_F、現在時点での国民所得水準をY_tとする。このとき、有効需要の不足分を$\varDelta D_D$（$=Y_F-Y_t$）と置き、限界消費性向をcとすると、次の（5・1）式が成立する。

$$\varDelta D_D=(1-c)\times(Y_F-Y_t) \qquad (5\cdot1)$$

この（5・1）式の関係は、縦軸に総需要額、横軸に国民所得水準をとると、図5―1のように45度線を利用した教科書的な図によって説明することができる。

2　ピラミッド建設の意義についての各説

$\varDelta D_D$の規模のピラミッド建設は、生産力を増大させない政府の無駄な支出であったとケインズは説明しているのである。次節においては、このJ・M・ケインズの説明の妥当性について考察する。

ピラミッド（Pyramid）は、エジプトだけでなく、中南米などにも見られる四角錐状の巨

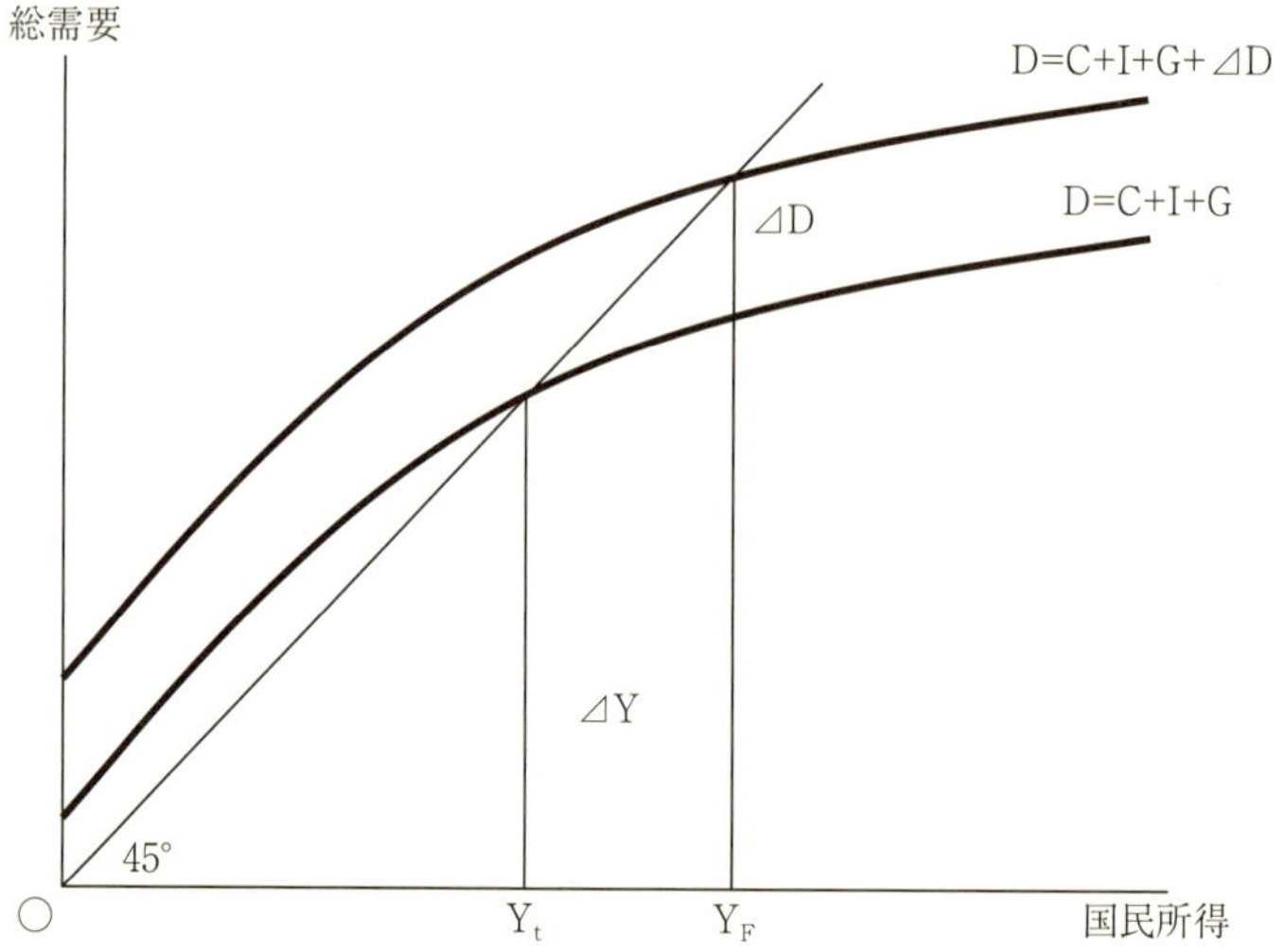

図6—1　有効需要政策

石建造物の総称である。かつては金字塔という訳語が使われていた。これまでの歴史学の一般的な解釈としては、奴隷に築かせた王墓とされてきた。しかし、最近の研究において、ピラミッド建設に携わった人たちは、奴隷ではなく専属の建設労働者がいたことが明らかになったのである。

１９９０年代に入って、ギザの大ピラミッド付近で、ピラミッド建造に関わったとされる住居跡と墓が見つかり、豊かな生活物資や住居跡が発見されたのである。そこには、ピラミッド建設に必要な、高い建築技術を持った専門の技術者がいたこともわかっているのである。また、建設に関する労働者のチーム編成や作業記録が、文章で記録として残っているのである。あるいは、出勤簿や休暇届、病院へのお見舞いなどの制度があったことが、資料として残っているとが知られているのである。

すなわち、ピラミッドはある目的を持って、計画的に建造されていたことが伺える証拠群の出現である。

このような発見を受けて、次のような説が登場した。1つは、「遊休資源を雇用するためのピラミッド建設説」。もう1つは、「ピラミッドは信仰を象徴するモニュメント説」、そして、もう1つは、高津道昭説の「ピラミッド、テトラポット説」(2)である。

2・1　遊休資源を雇用するためのピラミッド建設説

ナイル川は、アフリカ大陸東北部を流れ、地中海に注ぐ世界最長級の河川である。長さ6650㎞、流域面積は2870000㎢。かつてナイル川は、毎年同じ時期に、定期的に氾濫した。これは、インド洋の季節風であるモンスーンが、湿った大気をナイル川の上流域のエチオピア高原に、6月から9月の期間に雨季をもたらし、大量の雨を降らせたためである。この雨が大量の濁流となって青ナイル川に流れ込み、白ナイルとともに上流域から順番に下流域に氾濫を導きながら流れるのである。

この氾濫が終わったあと、川が運んできた肥沃な土地に小麦の種をまき、収穫していたのである。この氾濫と農業がエジプト文明を作り出し、繁栄の基盤を形成した。

エバタの季節の名前には意味がある。7月中旬から11月中旬は「アケト」と呼ばれ、「暑くて乾いている」=夏という意味であるらしい。増えた水は、河の上流から肥えた土を運ぶと共に、土に染み出した塩分を洗い流し、畑の土をやわらかくする(3)。そして、11月中旬から3月中旬は「ペレト」と呼ばれ、「種まきの時期」=春という意味であり、水が引いたあと、湿った土はやわらかく、耕しやすくなっているので農業の手間も省ける。「シェムウ」は、「刈り入れ終わった」=秋+冬という意味である。水位が最低になった頃に収穫して、また新たな増水を待てばいいのである。

このようにして、エジプトでは毎年、同じ季節に定期的に起きる増水にあわせて農業を行っていた。そして「遊休資源雇用説」は、小麦を植えて収穫した後の、次の氾濫の季節までの11月中旬から3月中旬「ペレト」の期間に、遊休化している労働者を使役して、不必要なピラミッドを建設したという説である(4)。

しかし、農閑期に遊休化している農民を、公共事業で雇用するという説には無理がある。年に1回の麦作で十分な生産量が獲得される限り遊休資源ではないからであり、農民に働く動機が存在しないのである。

ナイル川は、物流に使用された。北という単語が「川下」を表し、南という単語が「川上」を表すように、人々は北へはナイル川の流れに沿って船で下り、南へは帆を張って季節風でさかのぼる方法により、物流が行われていたのである。

2・2　ピラミッドは信仰を象徴するモニュメント説

この説は、ピラミッドはエジプトの支配者のための「宗教施設」であるという前提から成立している。太陽神への信仰の象徴としてピラミッドを築くとき、人々は喜んで建設に参加したという説である。

2・3　ピラミッド、テトラポット説

エジプト北西部マトルーフ県、リビア砂漠にある盆地に、海面からマイナス133m、アフリカで2番目に低いカッターラ低地（Qattara Depression）と呼ばれる内陸地（最も低いのはジブチのアッサル湖）がある。この低地の面積は18000㎢、長さは大きいところでは幅120㎞×80㎞である。最も低いところは、塩地（Salt pan）になっている。カッターラ窪地やカッターラ凹地（おうち）とも呼ばれる。

この地は、かつて地中海とつながっていた入り江であると考えられている。この入り江に向かって、ナイル川の上流地域からいくつかの湖と湖の跡が点々としているのである。これが、ピラミッドはテトラポットではないかという説のヒントである。

肥沃な小麦畑の農地拡大を目指して開拓を行うさいに、ナイル川の水の流れを西から東へ調節するために築かれたのが、テトラポットとしてのピラミッドという説である。

1992年に視覚デザイン学の高津道昭が、ナイル川の上流の東に次第に曲がる地域に、砂に埋もれていたピラミッドが次々に発見されるのを見て、それらのピラミッドの配列から考えて「ピラミッドはテトラポット」であると推論した。2013年には、土木工学・河川技術家の武村公太郎氏がこの説を補強して、「ピラミッド「群」はナイル川の「からみ」説」

であると提唱した。この説は、カイロを起点としてナイル川の扇状地に広がる、九州より広い流長200㎞、4~5万㎢の地域が、紀元前4000年の縄文海進以後の海水面降下によって干潟化し、紀元前3000年頃のエジプト王朝成立以後200年後からのデルタ干拓が、ピラミッド造営と軌を一にしていることから提起されたのである。

そうであるならば、ピラミッドは無駄な建造物ではなく、まして王墓でもなく、人工的な防波堤建設の跡であり、その成功が、今日のカイロを中心とした地域の大穀倉地帯であると言うことができるのである。

3・11の復興の経済政策

3・11の復興計画において、当時経験した津波以上のより高い頑丈な堤防を建設することによって、次の津波からの被害を減少させようという計画が、3・11の被災地に実行されようとしている。

しかし、第4章で説明したように、巨大な堤防は、津波から人を守らないのである。津波が堤防を越えてしまった場合、必ず破堤することが知られているのである。堤防が壊れれば、流される家や車によって、人は押しつぶされ、引き裂かれるのである。堤防は、人々が津波の接近に気付く時間を遅らせるのである。

それにもかかわらず、二度と津波の被害がないようにと海に向かって巨大な堤防を建造することは、技術を過信した愚かな行為である。津波が接近するときに、海底からもたらされる風と音と、そして強烈な匂いを人々から遮断するからである(5)。

このような巨大な建設費用を費やして、その効果が期待できない計画を実現するよりは、日本の各海岸線構築の歴史に学ぶ方が重要である。それは、自然との共生を前提とした、人々に安全な生活をもたらしてきた「波打つ砂丘と運河」である。宮城県の伊達正宗が建設させた「貞山堀・貞山運河」である。

陸と海を隔てる海岸は、今日のようにコンクリートの線によって仕切られるべきではないのである。帯状に形作られた緑豊かな自然の海岸線によって、陸と海は仕切られなければならないのである。何層にも築かれた砂山と幾重にも重なった松林によって、海岸線は形成されなければならないのである。その砂山の間を流れる、海岸線と平行に掘られた運河や水を張ったグリークが織り成す帯状の海岸線こそが、日本の津波対策の原点なのである。そして、このような海岸線は、引き潮の被害から人々を守るためにも強いシステムなのである。

白砂青松の帯状の海岸線こそが、人間の「自然との共生」であり、社会の「津波との共生」なのである。巨大な津波は、普段とは異なる潮の音と匂いを、津波の警告として海岸沿いに生活する人々の五感にもたらし、津波から逃げるための時間を作るのである。

【注】

（1）無駄な公共事業とは「悪い公共事業」と同様ではないことに注意しなければならない。

（2）高津道昭氏は『ピラミッドは何故つくられたか』（新潮選書、1992年6月）において、ピラミッド、テトラポット説を展開している。

（3）増水が最大に達すると、場所によっては川幅が通常の7〜8倍にもなったという。

（4）ナイルの増水は、古代人がソティスと呼んだ「シリウス」が、夜明けに地平線に達する時期に起こった。現代暦では7月半ばのことだ。この現象を、エジプトでは「ヘリアカル・ライジング」と呼び、ソティス星は洪水を知らせる神、または精霊とされ崇められた。また、ナイル川の化身としてハピという神がいて、ナイル川の水が増すことは「ハピの到来」とも呼ばれた。

（5）この議論は、九州大学工学研究院環境社会部門工学部清野聡子准教授の説明によるものである。

第7章 第4の矢の提案

日本経済の将来展望として、ピラミッド建設のように日本経済の本質を改善する構想として、物流新幹線構想を提案する。

1 モーダルシフトの問題と物流新幹線構想

新幹線構想は、本来、旅客輸送と貨物輸送が一体化したものであった。新幹線は、本来、長距離旅客輸送と長距離貨物輸送が考えられていた。しかし、建設費用がかさむために、物流機能を断念し、旅客輸送だけでスタートしたのである。

戦後の日本経済の発展政策において、鉄道からトラック輸送へのモーダルシフトは、自動車産業の発展とゼネコンの高速道路工事には大きく貢献した。しかし、このようなモーダルシフトが、同時に、枯渇性資源浪費型経済体質を生んだことは否めない事実である。

本来、東海道新幹線構想における主要な目標は、東海道新幹線での貨物輸送計画であった。鉄道コンテナによる輸送とピギーバック方式（トレーラーを直接貨車に積み込む：図3—1参照）による、最高時速150km、夜間運転で東京—大阪間4時間～5時間程度が考え

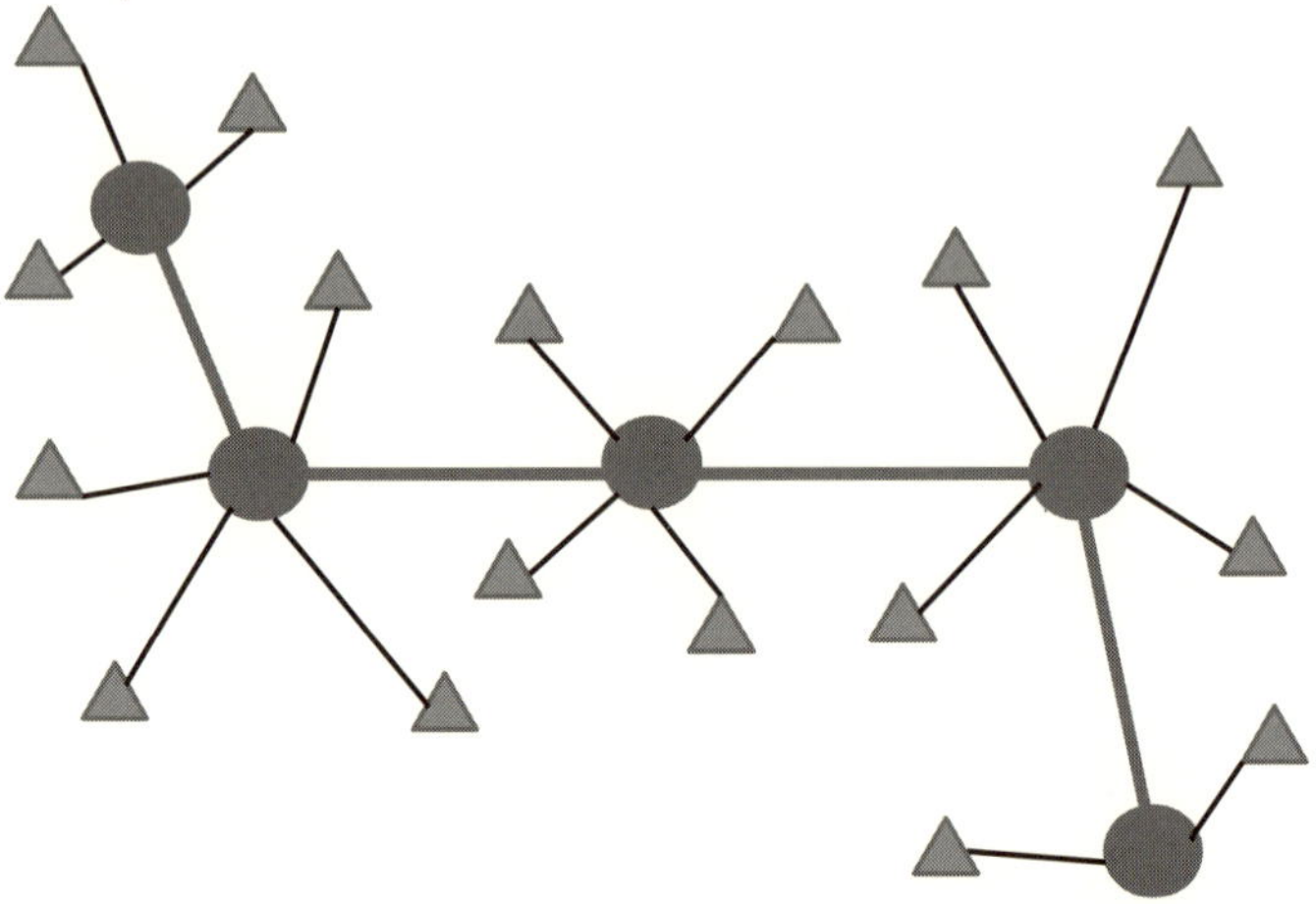
図7—1　物流新幹線による拠点集約ハブ＆スポーク

られていたのである。この証に、大阪鳥飼基地東には、東海道新幹線上の貨物駅への立体交差建造物が新幹線貨物列車計画の名残として残っている。また、東京地区においては、汐留地区のＪＲ貨物船がその名残である。

１・１　東海道新幹線

当時、資金が不足していた日本は、世界銀行から借款を受けるが、提出した構想図には、貨物新幹線の想像図がポーズで作られていた（島英雄物語）。

東海道新幹線建設費を当初３８００億円と見積もり、国会を通すために１８００億円で予算提出したが、建設資金は不足気味であった。そこで国鉄は、１９６１（昭和36）年に世界銀行から８０００万ドル（２８８０億円）の融資を受けた。この世銀からの融資は、１９８１（昭和56）年に完済している。建設資金の調達以外にも、政府が新幹線計画に対し、完成させるという責任を負うことになったのである。

このときの世銀側の2つの条件は、下記のものであった。
・条件1 「1964（昭和39）年までに完成させること」
東京オリンピックに間に合わせるという目的があった。用地買収が一部の区間で遅れ、突貫工事が強いられた。そして、全線試運転開始は1964年7月であった。このとき試運転期間が十分取れなかったため、盛土路盤が安定しないという理由で、開業1年間は、予定より1時間伸びた徐行運転をした。
・条件2 「旅客列車だけ運転するのはだめ。貨物列車も運転しなさい」
新幹線は、「在来線の別線」という計画・建設の意識であった。そこでは、昼行特急・急行を新幹線に移行して、空いた分で普通列車や貨物列車を増発するのが目的であった。当時、貨物列車用の設備を作る考えはなかったのである。旅客列車が走るためには、貨物列車の走行は邪魔であり、夜間は線路保守作業を行うので、夜間走行も邪魔であった。しかし、世銀の条件に対して「予定はありません」とは言えず、将来的に準備を進めるために、東京（大井埠頭）・名古屋（日比津）・大阪（鳥飼）に貨物ターミナル用の用地を取得し、大阪・鳥飼基地（大阪車両所）に貨物用の立体交差を構築した。

世銀には「今は貨物列車を走らせる余裕はないので、できる状態になったら始める」と説明し、納得してもらったのだという説である。

後から追加で作るよりも、一緒に作った方が工費が安く、営業列車に影響が出ないと思われるため、複雑な場所の工事はすでに終了しているのである。ということは、これらの説は否定されるであろう。見せかけの工事をやるはずがないからである。

計画としては、夜間、時速１００マイル（１６０㎞／ｈ）で走行するというものであり、その際発表されたイラストは、ＪＲ貨物が現在運航しているＭ２５０系「スーパーレールカーゴ」にそっくりである。

東海道新幹線による貨物輸送の検討を行ったのは、昭和32〜34年は日本国有鉄道幹線調査会であり、昭和36〜38年は国鉄新幹線総局計画審議室であった。そして、東海道新幹線の開業は、昭和39年10月1日であった。

東海道新幹線の貨物輸送量は50億トンキロ／年（昭和50年度）であり、貨物輸送方式はコンテナー方式（ピギーバック、フレキシブルバン）も検討されていた。

貨物取扱駅は、東京（大井埠頭）、静岡（柚ノ木）、名古屋（日比津）、大阪（鳥飼）で、付近に貨物取扱デポが予定されていた。

列車計画は、電車列車（４Ｍ６Ｔ×３ユニット　コンテナー１３５）、開業時６列車（東京→大阪）Ｖmax １３０㎞／ｈ、東京〜大阪5時間30分、夜間運行として、土曜運休であった。

しかし、その後、国鉄分割民営化により「沙汰止み」となった。国鉄分割がなかったならば、あるいは、国鉄分割の方法が郵政民営化のように業態別の水平分割であったならば、物流新幹線の実現は可能であったのである。そうであるならば、日本経済の物流体系は省エネ

捨てる熱湯で夜間発電を行えば，夜間物流新幹線は低コストで走れる

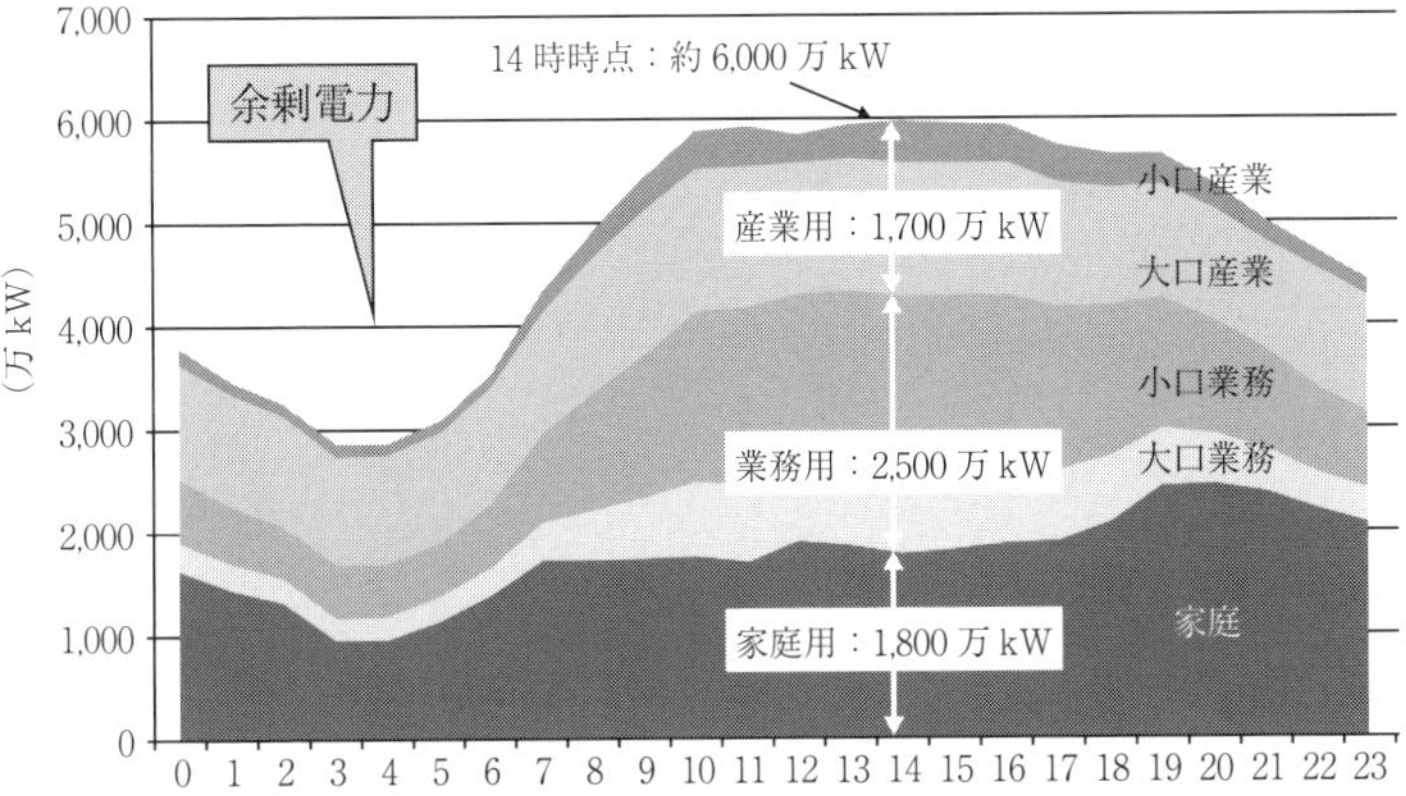

注 1：送電ロス分約 10％を含む。
注 2：ここで「14 時」とは，14～15 時の平均値を指す。以下同じ。

図 7―2　夏期最大ピーク日の需要カーブ推計（全体）

出所：資源エネルギー庁「夏期最大電力使用日の需要構造推計（東京電力管内）」平成 23 年 5 月。

体質となっており、国内の物流コストはかなり低い水準で、効率的に推移していたであろう。

夜間物流新幹線構想

物流新幹線構想の基本は、夜間物流である。夜間の余剰電力を利用して物流新幹線を走らせることによって、使用電力の費用削減効果も発生するのである。

逆モーダル・シフト構想

今こそ、トラック輸送から鉄道輸送への逆モーダル・シフトを実行する時期である。２００㎞を超える長距離においては、トラック輸送ではなく物流新幹線による輸送を提案する構想である。中距離においては、在来線の貨物輸送で充分である。赤字ローカル線においては、旅客

輸送と貨物輸送の併用によって空いた線路を有効に使用して、赤字の補塡を一部行うという趣旨である。当然のように、貨物輸送には郵便も同乗させるべきである。

このようにして、公共交通機関の充実によって、マイカーの絶対数の増加と利用時間の増加を止め、地域の省エネ化を達成しようとするものである。

2 アメリカ西海岸に最も近い陸奥湾蟹田港を国際コンテナ港に

日本国内に、ポスト・パナマックスが入港する国際港湾が皆無であるために、日本の対米コンテナ輸送においては、韓国の釜山港か台湾の高雄港が日米間のコンテナ輸送ルートの中継基地となっている(1)。

津軽海峡を二度通過しないと、アメリカと日本の間でコンテナが輸送できないということは、日程的にも輸送費用的にも大変なコスト高なのである。津軽海峡を二度通らなければ、日本とアメリカの間のコンテナを輸送できないことの非効率性の原因は、日本の港湾の水深が浅いことにある。

陸奥湾の水深は50mである。津軽半島の東側の陸奥湾の中の蟹田港は、水深が25m程度である。天然の良港である。日本の港湾の中で、最もアメリカの西海岸に近い貿易港の第一候補である。

また、蟹田は、東北新幹線と北海道新幹線の通過線路が町内を走っている。東京と北海道

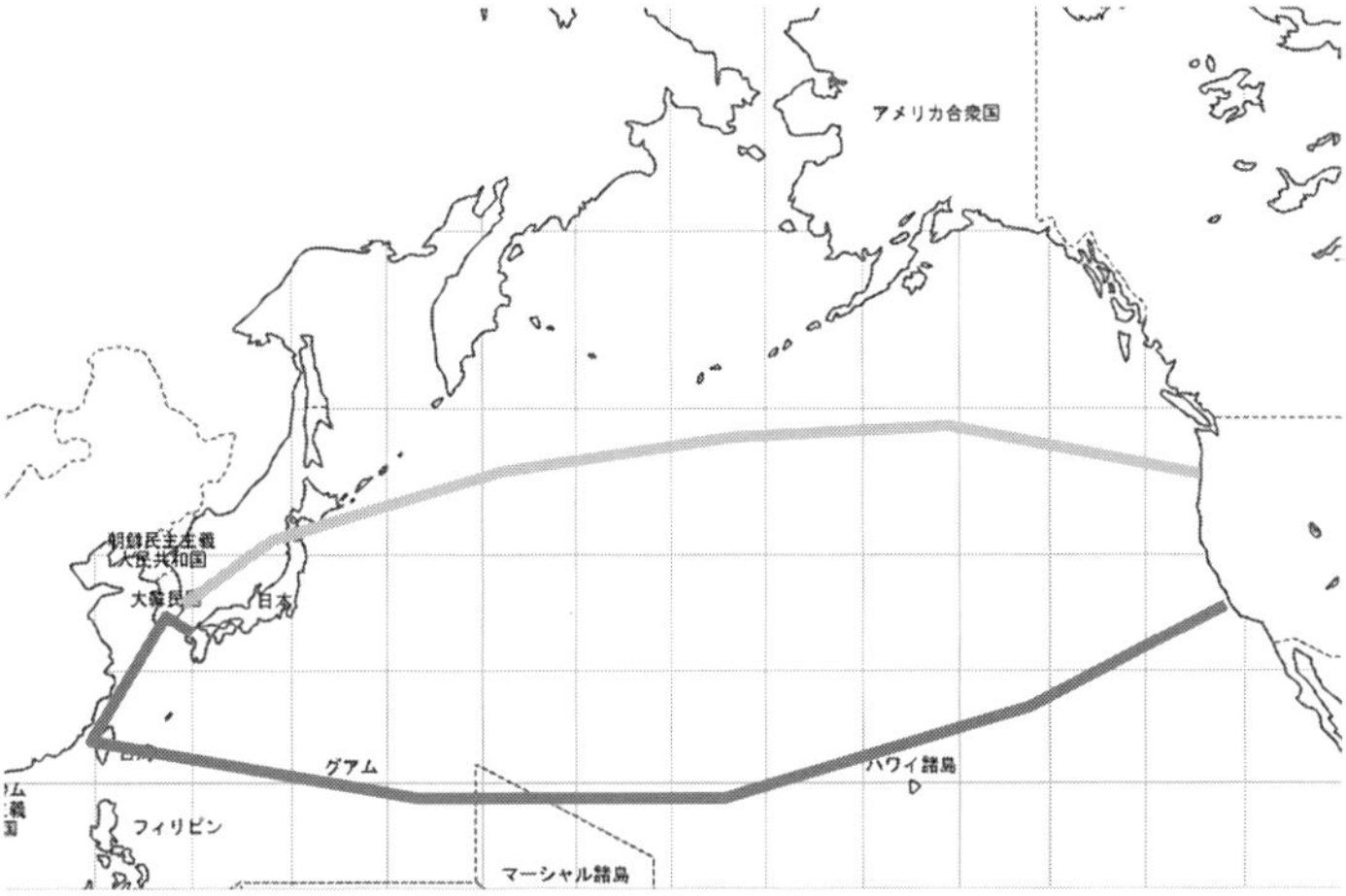

図 7―3　日本ー釜山（韓国）ーアメリカ西海岸

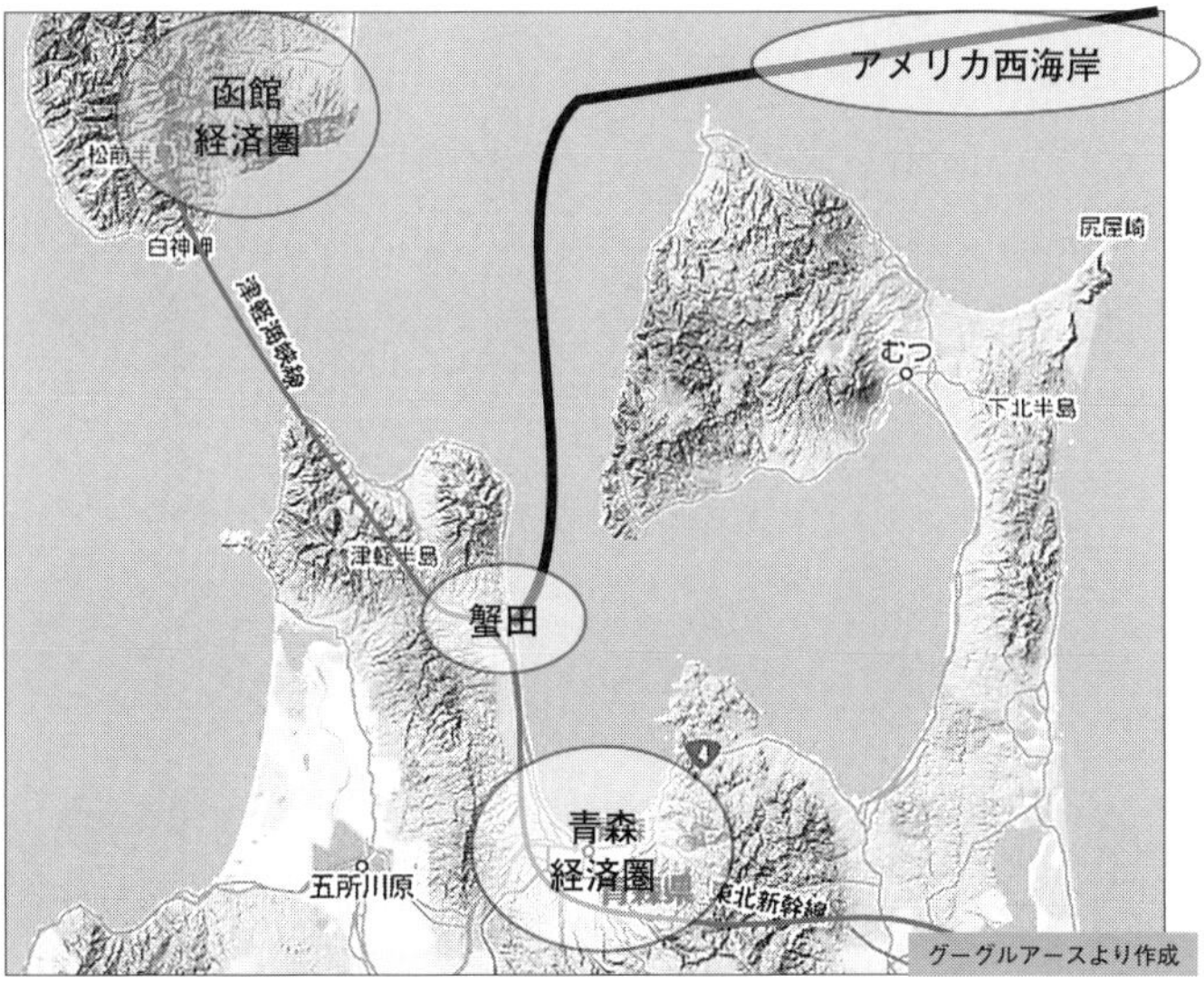

図 7―4　陸奥湾盤田港の国際港湾開発

を結ぶ物流新幹線構想としても、最適な物流基地なのである。

3　国鉄の復活とＪＲの効率化

以上の構想を実現するためには、国鉄の復活も視野に入れる必要があるであろう。そのときは、国民の財産としての国有鉄道のストック（資産）を国民の所有として、経営の効率性を維持するためのＪＲ化はそのままとする上下分離が必要である。というような国民経済の幸福と矛盾のない鉄道輸送体制を考察すべきである。

鉄道省への復帰ではなく、ＪＲホールディングスとしての復帰であるべきである。ＪＲホールディングスの資金は、ＪＲ債として発行可能である。もし万が一、返済が滞る場合には、旅行券と物流券の発行など実物サービスによって賄うことも可能である。将来利用する予定のある人が、市場を通して購入するからである。

東海道リニア・モーターカー構想は、余剰資金を抱えたＪＲ東海の無謀な環境破壊計画である。国土を痛めつけ、国民の豊かさをはぎ取る開発計画は、許されないはずである。

【注】

（1）２０１６年６月に第２パナマ運河は建設され、開通した。

第8章　ピケティの法則と21世紀型の経済システム

トマ・ピケティは彼の著書『21世紀の資本』において、広範で長期的なデータを駆使して、西欧諸国における所得分配の不平等が戦後の経済復興期間は縮小していたにもかかわらず、30年後からは大幅に拡大してきたことを指摘して、「クズネッツの逆U字仮説」を批判している。

ピケティは、この格差の原因は「市場の不完全性」にあるのではなく、資本市場が完全になればなるほど、資本収益率rが経済成長率gを上回り、資産格差が拡大すると説明している。

本章は、新古典派経済学の基礎理論である、規模に関して収穫一定、各生産要素の限界生産性逓減の世界においては、「クズネッツの逆U字仮説」が成立することを説明する。次に、規模に関して収穫逓増の世界においては、資本収益率rが経済成長率gを上回る世界が成立することを説明する。それ故に、限界生産性に見合った所得しか得られない労働者と資産所有者との間において所得格差が発生すること、それ故に所得格差が拡大することが説明されるのである。

1　はじめに

ピケティは『21世紀の資本』において、不平等の推移について西欧先進工業諸国の比較研究を行った結果、「1970年代以来、所得格差は富裕国で大幅に拡大した」こと、特に「米国で顕著だった」こと、そして、米国では「2000年代における所得の集中とそれによる格差は、1910年代の水準に戻ってしまい(1)、それ以上になる傾向があること」を指摘している。

この格差の原因について、ピケティは、「市場の不完全性」にあるのではなく「資産格差」にあると、以下のように説明している(2)。

「私の理論における格差拡大の主要な力は市場の不完全性とはなんら関係ない」。「その正反対だ。資本市場が完全になればなるほど、資本収益率rが経済成長率gを上回る可能性も高まる」とピケティは説明している。

このような不平等を解消するためのピケティの政策提言は、経済的不平等の是正を求めて、富裕層の資産への課税強化などを訴えているのである。すなわち、「資産に対する世界的な累進課税」の提案である(3)。ピケティは、このような対策が講じられず、不平等が世界的にさらに進展するならば、やがて社会の崩壊につながってゆくと警告しているのである(4)。

2 資本主義の第一基本法則

ピケティが説明する「資本主義の第一基本法則」とは、次のようなものである。

いま、α＝資本所得の割合、r＝資本収益率、β＝資本／所得比率$\left(\frac{K}{Y}\right)$とする。ここでKは、現在時点において当該経済に存在する資本量である。

ここで資本所得の割合（α）とは、資本所得（rK）の国民所得（Y）に対する割合$\left(\frac{rK}{Y}\right)$であるから、$\alpha=\frac{rK}{Y}=r\times\frac{K}{Y}$と表され、次の（8・1）式が成立する。

$$「\alpha=r\times\beta」 \quad （8・1）$$

この（8・1）式が、ピケティの説明する「資本主義の第一基本法則」である。

一次同次生産関数による説明

この（8・1）式の関係は、図8—1のように説明することができる。

いま、図8—1から$r=\frac{BC}{OA}$、$\beta=\frac{AO}{CA}$であるから、$\alpha=r\times\beta=\frac{BC}{OA}\times\frac{AO}{CA}=\frac{BC}{CA}$である。

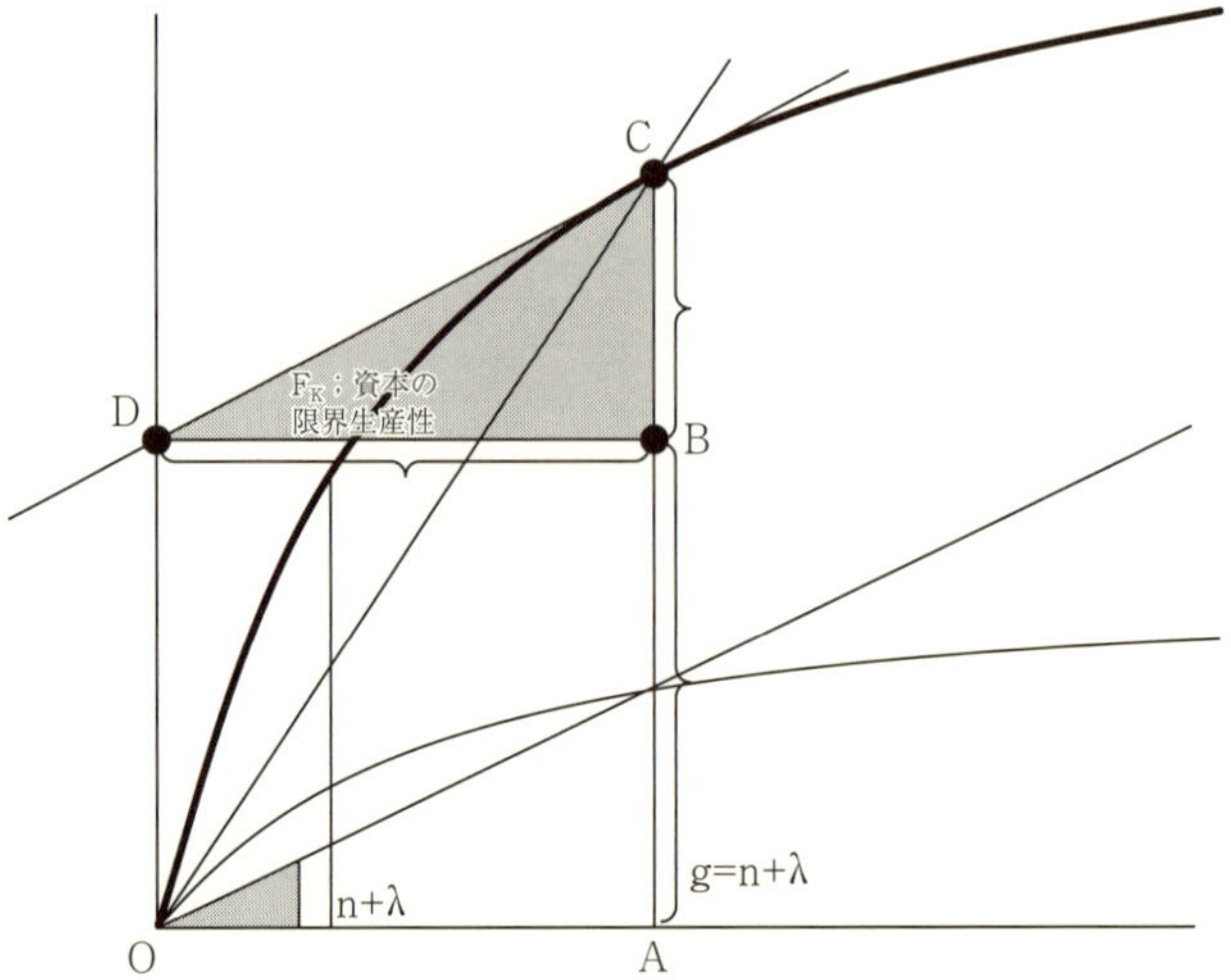

図 8—1　新古典派の経済成長理論と生産関数

この説明から、新古典派経済成長理論を前提とする限り、資本所得の割合αは均衡成長経路に向かって収斂することが説明される。すなわち、労働の資本装備率が増加（減少）する過程においては、資本所得の割合は低下（上昇）することが説明されるのである。

2・1　資本ストック量Kと資本ストック評価量K_Aとの相違

現存する資本ストック量を表すKは、所得分配の議論においては、生産関数に投入されて稼働したストック量に対する報酬である(5)。そのためには、rは現存する資本ストックの時価評価額1単位当たりの収益率でなければならない。

しかし、この資本ストック量の生産への貢献度に対する収益率r_Aと、投入されて稼働したフロー量としての資本ストック量への報酬としての資本所得金額を求めるための資本ストック量K_Aについては、別の定義が必要である。

実際の経済における国民所得を実現させるために必要な資本量をK_A（$<K$）とすると、実際の経済において成立する「資本主義の第一基本法則」は、下記の（8・2）式のように表される。

$$「\alpha_A = r_A \times \beta_A」 \qquad （8・2）$$

ここで、α_Aは実際に実現するべき資本所得の割合であり、β_Aは実際の資本／所得比率（$\frac{K_A}{Y}$）である。ピケティの議論においては、生産の議論と分配の議論との間の矛盾についての分析は考慮されていないのである。すなわち、生産活動における付加価値生産に対する貢献度と、その貢献度に対応した所得分配が行われているのか否かという問題についての考察が欠如しているのである。

このピケティの「資本主義の第一基本法則」についての問題は、本来議論されるべき変数の値を恣意的に、$\alpha = \alpha_A$、$r = r_A$、$\beta = \beta_A$と仮定した議論であると考えることができるのである。

資本主義経済においては、一般に資本ストックは過剰であるから、$K > K_A$である。しかし、資本所得への分配は、存在する資本ストック量Kの大きさに対応して行われていると考えられるために、$r_A K_A = rK$である。すなわち、$K > K_A$、$r < r_A$であることから、$\beta\left(\frac{K}{Y}\right) > \beta_A\left(\frac{K_A}{Y}\right)$であることが説明されるのである。

すなわち、「$\alpha = r \times \beta = r\frac{K}{Y} > r\frac{K_A}{Y} = \alpha_A$」⇒「$\alpha_A < r \times \beta$」である。

以上の分析から、下記の（8・3）式が成立する。

$$\alpha = \alpha_A \quad (8 \cdot 3)$$

しかし、生産活動に貢献していない資本に対しても、生産への貢献とみなして報酬が毎年支払われているという前提には、資本への所得分配について問題があるという大きな矛盾が発生しているはずである。

「$r < r_A$」の問題は、経済活動に貢献する資本としての、例えば資本設備としての生産過程における貢献分と、金融システムの金融仲介機関としての経済活動への貢献分との著しいギャップが、正当な分配方法の実現を不可能としていることにも、今日の経済格差が発生する問題の一因があるのである。それは現代の国内金融と国際金融のシステム自身に問題があるのであり、このような金融システムを利用して、経済への限界貢献度を越えて収益を獲得している機関や組織の存在が、不当な利益を得ている、あるいは収奪しているのである。

3　資本主義の第二基本法則

ピケティが説明する「資本主義の第二基本法則」とは、次のようなものである。「長期的には、資本／労働比率βは、貯蓄率s、成長率gと以下の方程式で示される単純明快な関係を持つ」として、次の（8・4）式を提示する。

$$\beta=\frac{s}{g} \qquad (8\cdot 4)$$

この（8・6）式は、経済成長の定義式である。すなわち、資本／労働比率$\beta\left(=\frac{K}{Y}\right)$と貯蓄率s$\left(=\frac{S}{Y}\right)$を考慮すると、次の式のように説明することができる。

$$g=\frac{\Delta K}{K}=\frac{I}{K}=\frac{S}{K}=\frac{S\,Y}{Y\,K}=\frac{S}{Y}\Big/\frac{K}{Y}=\frac{s}{g}$$

3・1　「r＞g」の問題

ピケティは、「富は経済全体よりも早く大きくなる」と分析している。すなわち、労働者の所得の増加率よりも資本家の所得の増加率の方が高くなるために、富の格差が拡大すると

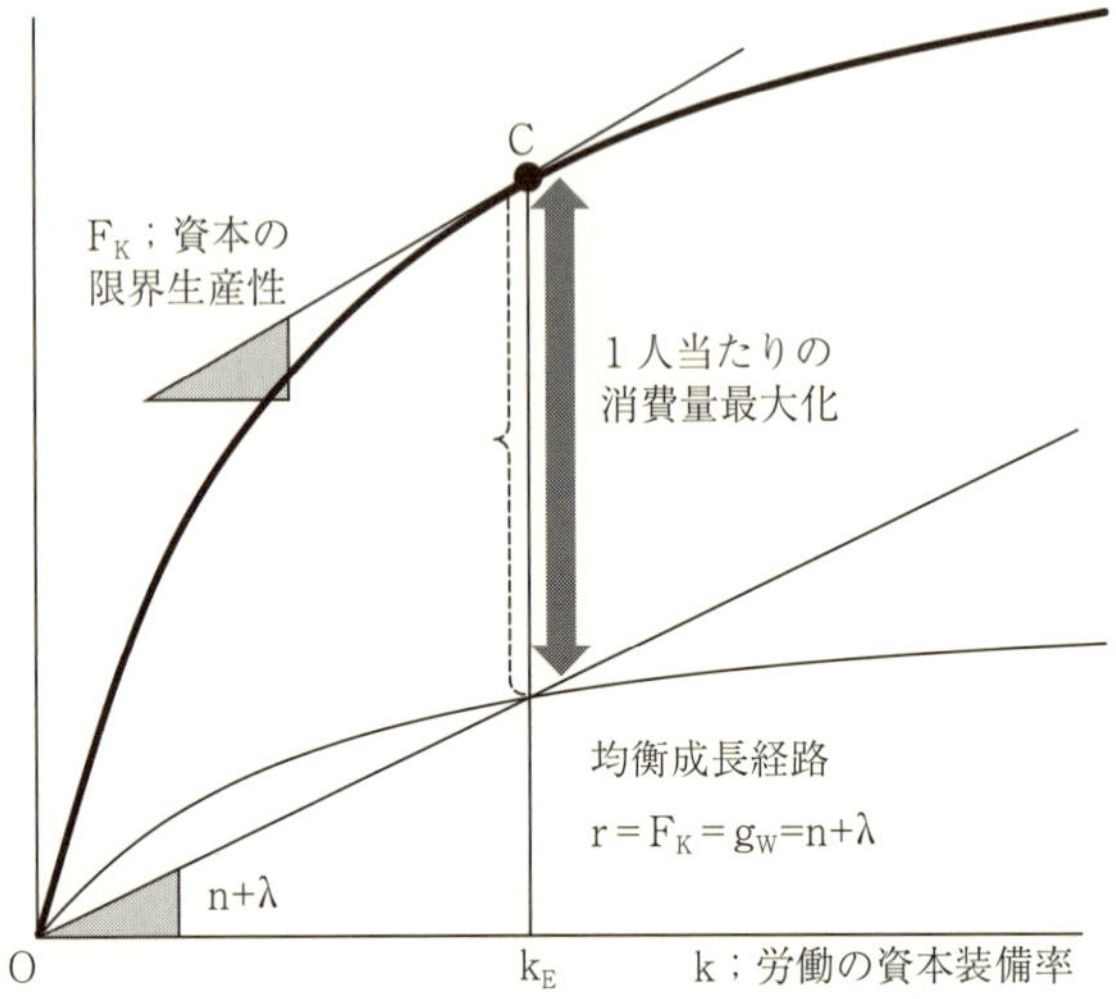

図8—2　ソローの基本方程式と経済成長率

説明するのである(6)(7)。

ピケティは、個人間の資産格差の原因として、資本報酬率rが経済成長率gよりも大きいこと、すなわち「r＞g」であることを指摘して、経済全体が成長するスピードgよりも資本家が得る所得rの方が大きいことが、資産格差が拡大する原因であると説明するのである。

この議論は、新古典派経済成長理論モデルにおいては、生産要素間の長期均衡経済成長経路への調整過程の問題として、図8—2のように考えることができる。

ここで「r＞g」の状態については、労働の資本装備率（資本・労働比率）が低い状態から長期均衡成長経路の状態への過渡期を表していることが説明される。すなわち、「収益率r＞g成長率」とは、労働者の資本装備率（資本・労働比率）が低い状態を表しているのである。

このような新古典派的調整過程の議論を無視して、資本主義の本質的問題として議論することに説得力はないと考えられる。

黄金律経済

新古典派経済成長理論において、経済成長率gを自然成長率（n＋λ）に維持しながら、正しい経済政策によって、図8―2のように1人当たりの消費水準を最大化する「黄金律経済経路」に導く政策を実現することは可能である。この「黄金律経済」においては、「r_A＝g＝n＋λ」が成立する。しかし、黄金律経済に到達する以前の経済状態においては、「r_A＞r＞g」であるから、資本が不足する経済においては、「収益率r＞g経済成長率」の状態が成立するのである(8)。

4　規模に関して収穫逓増経済と所得分配

4・1　戦後の経済状態

戦後の世界経済は、規模に関して収穫逓減（費用逓増）の経済状態にあった。このような状態では市場規模は限られており、各企業は平均費用と限界費用が逓増する世界において、

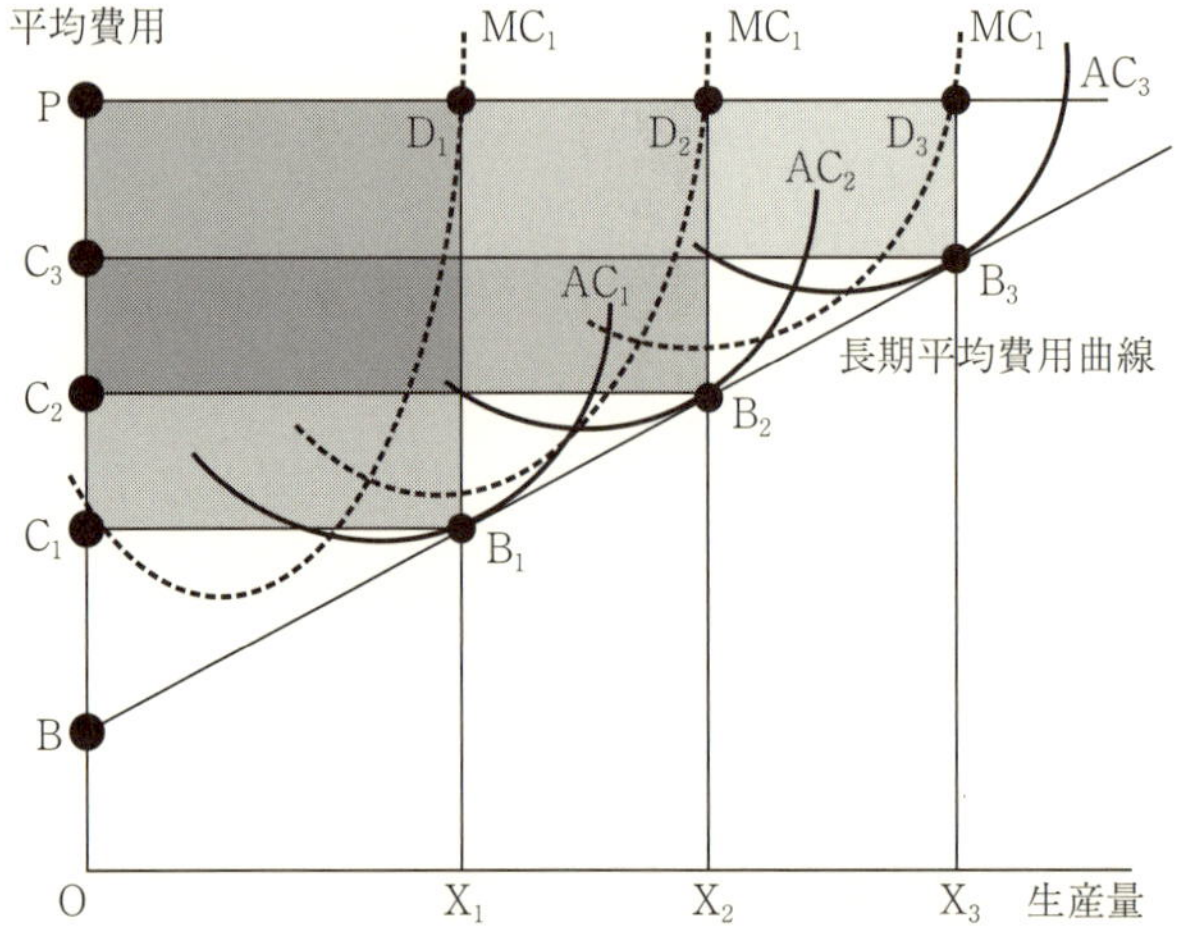

図８—３　規模に関して収穫逓減（費用逓増）経済の資本分配率は低下する

競争的市場を前提に合理的行動を採っていた。このような経済状態においては、生産規模の拡大とともに資本分配率が低下し、労働分配率が上昇することが説明されるのである(9)。

この生産規模の拡大と分配率との関係は、図８—３によって説明することができる。

いま、横軸に生産量を、縦軸に生産費用をとると、ＡＣ1、ＡＣ2、ＡＣ3はそれぞれの生産設備の規模に対応した平均費用曲線であり、ＭＣ1、ＭＣ2、ＭＣ3は限界費用曲線である。

市場規模の拡大と競争の激化によって市場価格が次第に低下する場合には、資本分配率はさらに低下することが説明されるのである。

先進国内における投資増加が経済成長をもたらした時代

戦後の経済復興期から１９６０年代の経済成長期にかけては、先進工業諸国内において、個々の企業の設備投資と政府の社会資本への投資の増加が継続的に行われて、経済成長が実現された。経済成長に伴って雇用量が増加し、労働所得が増加したのである。当時の経済構造は、限られた国内市場規模の拡大に伴う、規模に関して収穫逓減（費用逓増）の状態であったために、価格の上昇とともに労働の分配率も上昇した。この過程においては、資本所得額は増加しながらも、資本所得の分配率は低下し続けていたのである(10)。

4・2 グローバル世界の経済状態

戦後の経済復興期を経て、世界経済においては、国際貿易が拡大するに伴って各企業が直面する市場は海外に拡大したために、市場規模の拡大とともに、企業にとっては規模に関して収穫逓増（費用逓減）の経済状態への道が開かれたのである。

各企業は世界市場における価格競争に直面し、生産規模の拡大が平均費用を低下させ、国際競争力を確保させることを学習した。やがて、多国籍企業化とともに海外投資も拡大し、規模経済性が実現され、規模に関して収穫逓増（費用逓減）の成果を実現した企業が、世界市場において勝ち残るという経済システムが実現したのである。

このような経済状態においては、生産規模の拡大とともに資本分配率が上昇し、労働分配率が低下することが説明されるのである(11)。

この生産規模の拡大と分配率との関係は、図8―4によって説明することができる。

いま、横軸に生産量をとり、縦軸に生産費用をとると、AC_1、AC_2、AC_3はそれぞれの生

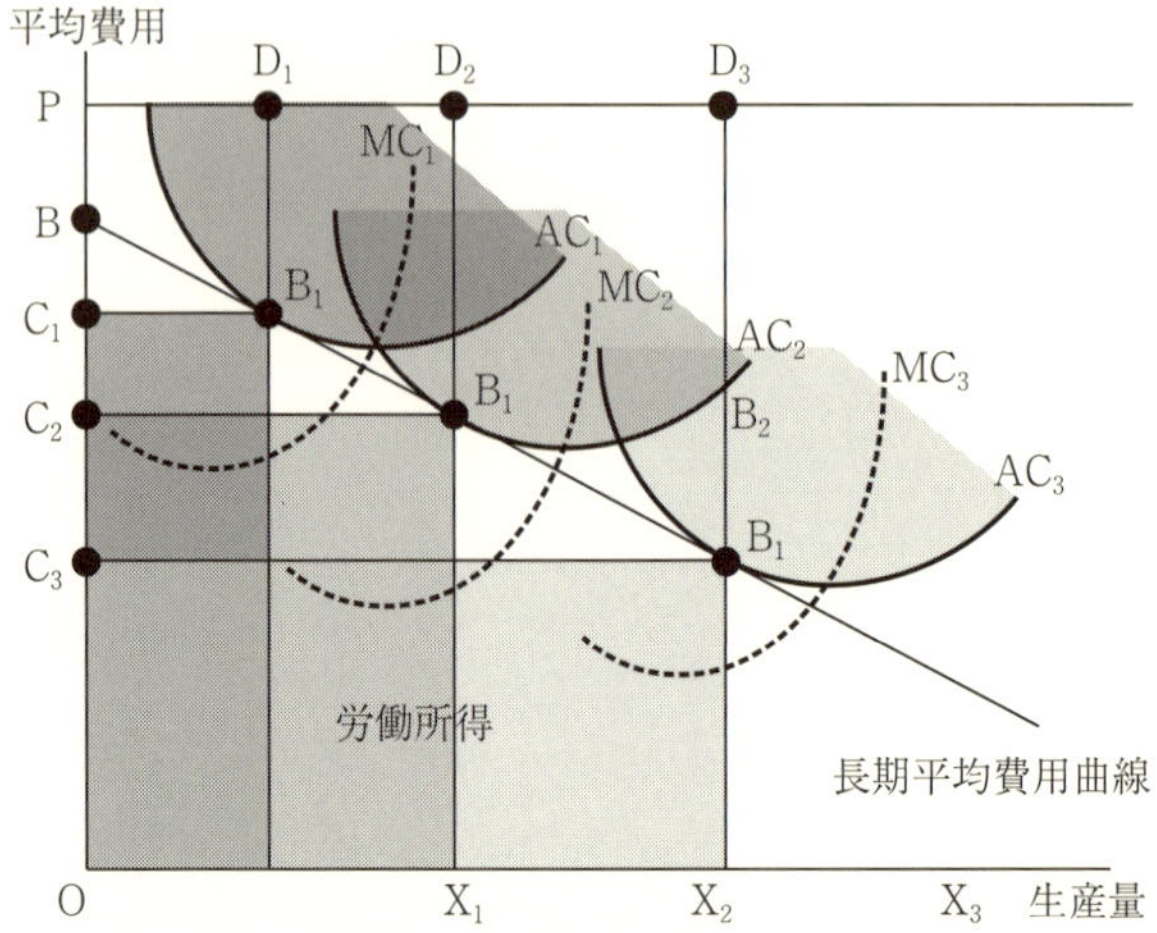

図 8—4　収穫逓増・費用逓減産業の長期平均費用曲線

産設備の規模に対応した平均費用曲線であり、規模の拡大とともに平均費用が低下しているように描かれている。また、MC_1、MC_2、MC_3は限界費用曲線であり、それぞれの平均費用の最低点を通過している。

4・3　貿易拡大と摩擦・価格差別化

経済の国際化が始まった当初は、国内市場価格と国際市場価格との価格差別によって、国際貿易規模が拡大して輸出財企業は貿易利益を得たが、貿易収支の不均衡問題と為替相場の変更という経験を背景に、先進国間の不平等貿易についての議論が続出した結果として、変動相場制度と管理為替相場制度という一見矛盾した国際金融制度のもとで、国際的な資本移動の時代へと変化した。

このような世界経済においては、企業は価格差別による貿易利益を稼ぎ出す時代から、工場の現地移転という企業の海外進出（海外直接投資）の時代へと変化した。企業は、工場移転による市場開発利益と規模の経済性の利益を享受するようになったのである。また同時に、国内に留まった生産・研究基地を拠点として、技術的な特許や過去の生産ノウハウから得られる特別な利益を求めたのである。

世界市場規模の拡大に伴って、産業によっては企業の生産規模と国内市場の需要構造とのミスマッチを解消するために行われる国際貿易競争の結果として、先進諸国間での貿易摩擦が発生することによって、水平貿易から垂直貿易へと企業の海外進出の形態が転換したのである。

同時に、欧米諸国は本来、国際基軸通貨を背景とした金融業務に特化していたために、国際金融や為替相場等の操作やそれらの金融ビジネスに対する技術に基づいて、金融的活動によって生じる利益をつくり出す国際的な金融組織（ヘッジファンド）を誕生させて、莫大な利益を一瞬にして獲得する方法を考え出した。ここで、資本ストックの実際の経済活動への貢献度よりも分配額（率）が過大評価されるような、$r > r_A$ の世界が現出したのである。

4・4　国際化とグローバル化

このようにして多国籍企業の生産の国際化は、その企業の国内投資水準を低下させ、国内の有効需要を減少させて、雇用を減少させた。その結果、低賃金労働者やワーキング・プアが発生する結果を導いたのである。

また、多国籍企業の海外投資によって国内有効需要が不足し、国内経済の成長率が鈍化することで失業率が上昇し、所得格差は激しくなった。国内有効需要の慢性的な不足は、国内経済の不況（デフレ経済）状態をもたらし、国内に失業問題や所得格差問題を引き起こす結果となったのである。

また、多国籍企業化によって海外への投資が増加すると、高付加価値製品の輸出が拡大して、同時に海外の工場で生産された自国企業の製品の輸入が増加した。このようにして、多くの企業において利益は増加し続けた。先進国の国内企業の多くが多国籍企業化して、アジアや中南米の経済に移動することによって、海外への直接投資が増加し、世界的に輸出・輸入が増加したのである。

このような先進国企業の海外進出という世界経済のグローバル化の中で、開発途上国においても国際貿易の成果によって経済状態が維持される時代となったのである。

海外生産において獲得された利益は、為替相場の状態によって、直接的に本国送金を増加させたり、間接的に貿易量を変更したり、あるいは、海外への再投資によって、海外資産を増加させることになったのである。しかし多くの場合、多国籍企業は本国への送金を増加させることによって、企業進出国の所得収支の赤字が慢性的になるのである。

5　ピケティの「クズネッツ曲線」批判の意味

クズネッツ（Simon Smith Kuznets、1901-1985年）は、経済成長と所得分配の関係について、所得の不平等は、長期的には逆U字の曲線（クズネッツ曲線）を成すと説明した。すなわち、生産性の低い部門（農業・伝統的産業部門）から生産性の高い部門（近代的産業部門）へ資本と労働力が移動することによって、所得の不平等が拡大すること、特に、産業革命の開始とともに所得分配の格差拡大が進み、やがて産業化・工業化が経済全体に及ぶ経済発展によって所得格差の不平等は縮小していくとして、図8—5のようなU字型の曲線を説明した。

図8—5において、縦軸に所得格差を表すジニ係数、横軸に1人当たりの所得水準をとると、「クズネッツ曲線」は、図8—5のように逆U字の曲線として描かれるのである。

ピケティは、クズネッツが1950年の時点で観察して説明したこのような逆U字型の傾向は生じていないこと、それ故に部門間移動や技術革新の効果は重要な経済的要因としての帰結ではなかったと論じている。

「実際、相続資産の不平等は減少し、賃金の不平等はさほどでもないが、こうした動向はそれを進めたり、逆行させる諸要素によって、特に所得税の創設によって、左右される」。結局のところ、「不平等の縮小が継続するという保証は何もなく、実際、米国では30年間に

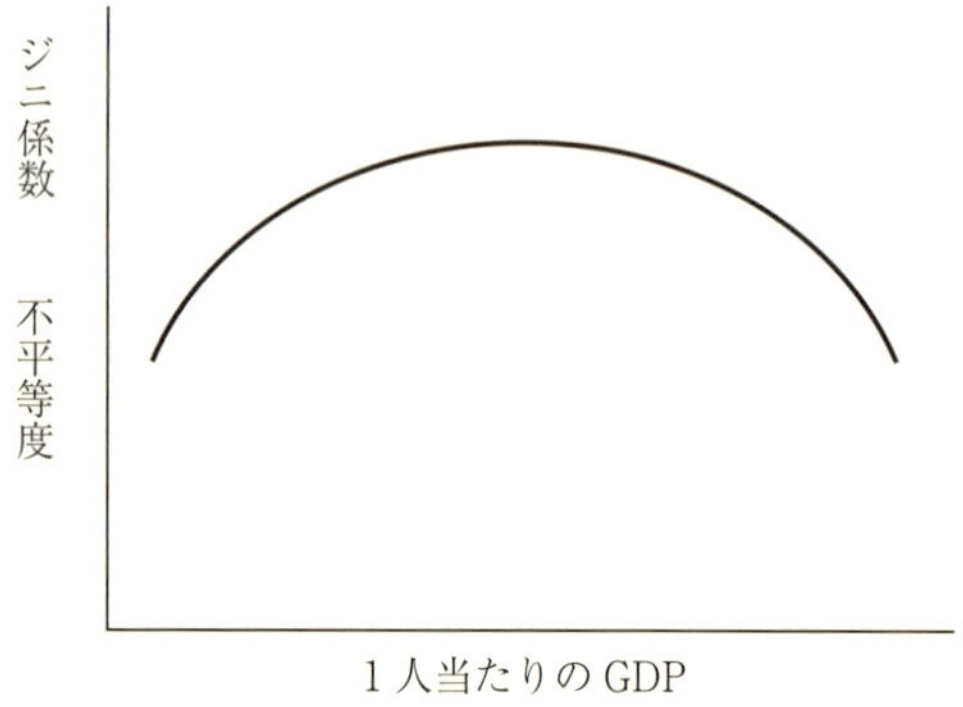

図8―5　クズネッツの逆U字仮説

わたって不平等が拡大し、近年では1930年代の水準に達している」と説明している。

5・1　クズネッツの逆U字仮説の意味

クズネッツの「逆U字仮説」の意味は、農業や伝統的産業が支配する所得格差が少ない経済状態から、産業革命を経て、次第に工業化・産業化が進展するとともに、低生産性・低所得水準に留まる農業・伝統的部門と高生産性・高所得の近代的な産業部門（工業部門）との間に所得格差が広がると考えるのである。すなわち、農業や伝統的産業から近代的な産業（工業部門）への資本と労働力の移動の過程において、資本は収益率の高い工業部門へ速やかに移動するのに対して、労働力は農業や伝統的産業部門における労働の低生産性部門に留まり続けることが原因となり、また、工業部門における雇用機会の不足のために、ただちには部門間を移動できないことが原因となって、経済全体においては所得格差が拡大するのである。

このような労働力の部門間移動が遅れる原因は、経済的要因だけではなく、社会的要因・宗教的要因・政治的要因等にある。これらの影響を受けて、生産要素の移動性（mobility）における相違が原因となって、所得分配の不平等度が拡大するのである。この格差を是正するためには、経済学的には経済全体の資本蓄積と工業部門における労働集約的技術進歩や農業・伝統的産業部門における労働節約的技術進歩が求められる。しかし、それ以上に、社会的要因・宗教的要因・政治的要因等についての諸問題も、資本主義経済の発展とともに解決されなければならない課題なのである(12)。

このような資本蓄積と技術進歩を伴う社会の変化とともに生じる経済発展の結果として、生産要素の移動が行われ、両産業間において所得の不平等度は低下して、経済全体において豊かな生活を享受する社会が訪れるとクズネッツは説明したのである。

しかし、ピケティは、観察されたデータの結論は、このクズネッツの「逆U字」を支持していないと説明しているのである。

5・2　所得分配率の変化

いま、xを生産量とすると、規模に関して収穫逓増（費用逓減）を反映して長期平均費用（AC）曲線は右下がりであり、次の（8・5）式のように定義されると仮定する。

$$AC = b - ax \quad a > 0, \ b > 0 \qquad (8 \cdot 5)$$

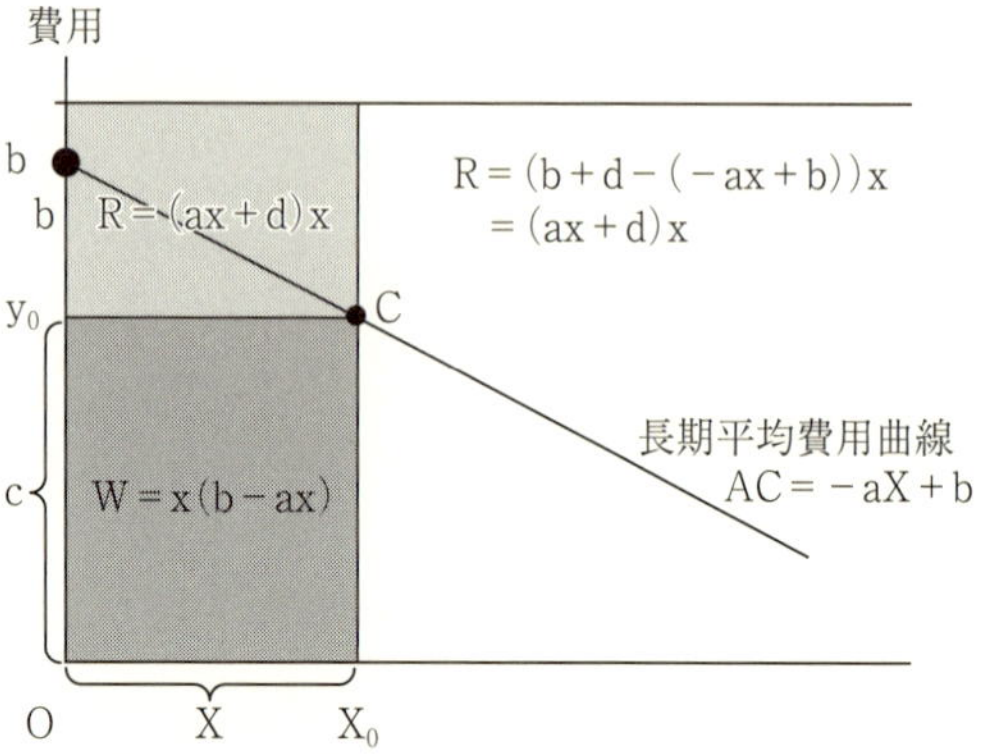

図８―６　規模に関して収穫逓増（費用逓減）

この関係は、縦軸を平均生産費用ＡＣ、横軸を生産量ｘとして、図８―６のように表される。

ここで、ａ＞０であることが、規模に関して収穫逓増（費用逓減）を意味している[13]。

労働所得の推移

労働分配所得Ｗは、平均費用総額の一定割合α（$1>\alpha>0$）であると仮定すると、次の（８・６）式のように計算される。

$$W=\alpha x(b-ax)=\alpha(bx-ax^2) \qquad (8\cdot 6)$$

この（８・６）式を生産量ｘについて微分することによって、生産量ｘの増加に伴って労働所得Ｗがどのように変化するかが（８・７）式のように説明される。

$$\frac{dW}{dx}=\alpha(b-2ax)\geqq 0 \quad \text{as} \quad x\leqq\frac{b}{2a} \qquad (8\cdot 7)$$

規模に関して費用逓減（収穫逓増）の場合には、長期平均費用曲線は右下がりになる（a＞0）ために、労働分配額は最初（x＜$\frac{b}{2a}$）の範囲では増加するが、その後、規模の拡大とともに（x＞$\frac{b}{2a}$）の範囲では減少することが説明される。

規模に関して費用逓増（収穫逓減）の場合には、長期平均費用曲線は右上がりになる（a＜0）ために、（8・7）式は常に正の値（a(b−2ax)＞0）を示すことから、生産規模の増加とともに労働所得は増加することが説明される。

資本所得の推移

資本所得Rは、次の（8・8）式のように計算される。

$$R = rK = R = (b+d-(-ax+b))x = (ax+d)x = ax^2 + dx \qquad (8\cdot 8)$$

この（8・8）式を生産量xについて微分することによって、資本所得は生産量Xの増加とともに増加することが（8・9）式のように説明される。

$$\frac{dR}{dx} = 2ax + d \geqq 0 \quad \text{as} \quad x \leqq -\frac{d}{2a} \qquad (8\cdot 9)$$

規模に関して費用逓減（収穫逓増）の場合には、長期平均費用曲線は右下がりになる（a

＞0）ために、（8・9）式は常に正の値をとり、資本所得は生産規模の拡大とともに増加することが説明される。

規模に関して費用逓増（収穫逓減）の場合には、長期平均費用曲線は右上がりになる（a＜0）ために、（x＜$-\dfrac{d}{2a}$）の場合には資本分配額は増加し、（x＞$-\dfrac{d}{2a}$）の場合には減少することが説明されるのである。

分配率の変化

資本分配率と労働分配率の生産規模との関係は、次のように説明される。

資本分配率Θ_Kは、次の（8・10）式のように定義される。

$$\Theta_K=\frac{ax^2+dx}{ax^2+dx+a(bx-ax^2)}=\frac{ax+d}{ax+d+a(b-ax)}=\frac{ax+d}{(1-a)ax+d+ba} \quad (8\cdot10)$$

この（8・10）式を生産規模xで微分すると（8・11）式が導出される。この関係から、生産量xの増加とともに資本分配率は上昇することが説明される。

$$\frac{d\Theta_K}{dx}=\frac{a}{(1-a)ax+d+ba}-\frac{(ax+d)(1-a)a}{((1-a)ax+d+ba)^2}=\frac{a-a(1-a)(ax+d)}{((1-a)ax+d+ba)^2}>0 \quad (8\cdot11)$$

労働分配率Θ_Lは、次の（8・12）式のように定義される。

$$\Theta_L=\frac{\alpha(bx-ax^2)}{ax^2+dx+\alpha(bx-ax^2)}=\frac{\alpha(b-ax)}{ax+d+\alpha(b-ax)}=\frac{\alpha(b-ax)}{(1-\alpha)ax+(d+\alpha b)} \quad （8・12）$$

この（8・12）式を生産規模xで微分すると、次の（8・13）式が導出される。生産量xの増加とともに労働分配率は低下することが説明される。

$$\begin{aligned}\frac{d\Theta_L}{dx}&=\frac{-a\alpha}{(1-\alpha)ax+(d+b\alpha)}-\frac{\alpha(b-ax)a(1-\alpha)}{\left((1-\alpha)ax+(d+b\alpha)\right)^2}\\&=\frac{-a\alpha\left((1-\alpha)ax+(d+b\alpha)\right)-\alpha a(b-ax)(1-\alpha)}{\left((1-\alpha)ax+(d+b\alpha)\right)^2}\\&=\frac{(-a^2\alpha x-ab\alpha+a^2\alpha x)(1-\alpha)-a\alpha(d+b\alpha)}{\left((1-\alpha)ax+(d+b\alpha)\right)^2}\\&=\frac{-a\alpha(b+d)}{\left((1-\alpha)ax+(d+b\alpha)\right)^2}<0\end{aligned} \quad （8・13）$$

表8―1　生産規模の拡大と所得分配率との関係

	規模に関して収穫逓減（費用逓増）　a<0	規模に関して収穫逓増（費用逓減）　a>0
労働分配率 Θ_L	上昇	低下
資本分配率 Θ_K	低下	上昇

結論

以上で導出したように、生産量xと資本分配率Θ_Kと労働分配率Θ_Lとの関係は、次の表8―1のようにまとめることができる。

すなわち、戦後の経済成長期までは規模に関して収穫逓減（費用逓増）の時代を反映して、労働分配率は上昇し、資本分配率は低下する経済であったのに対して、1970年代以降においては、規模に関して収穫逓増（費用逓減）の時代に変化したのを反映して、労働分配率は下落し、資本分配率は上昇する経済となったのである。

5・3　クズネッツのU字型曲線逆転の説明

以上の簡単なモデルの説明からわかるように、規模に関して費用逓減（収穫逓増）の効果が大きいほど、そして、生産規模の拡大の程度が大きいほど、資本所得額と資本所得の分配率が大きくなることが説明されるのである。

1970年代の2回の石油危機の後、先進国の企業は急速に多国籍化して海外投資を増加させ、生産拠点を東南アジアや中南米諸国に移動させたのである。その結果、製造業を中心として生産規模は増加し、市場は拡大した。このようにして、生産規模の拡大に伴って、平均生産費用は低下

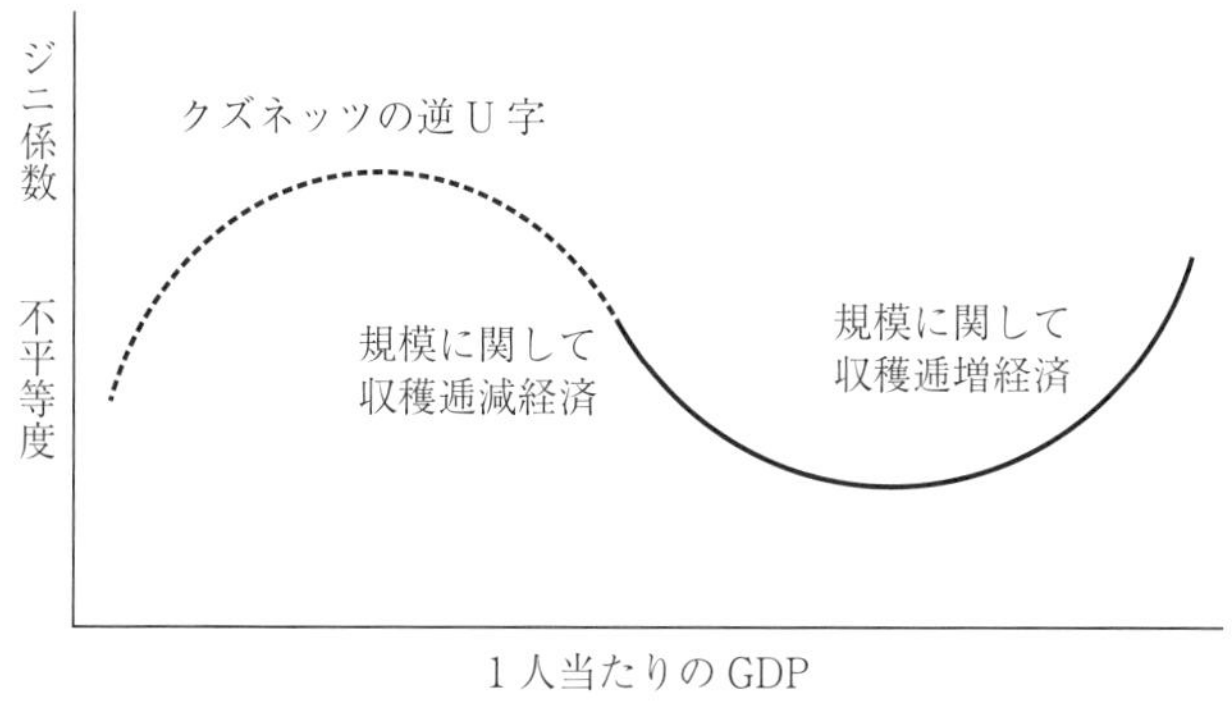

図8—7　クズネッツの逆U字から規模に関して収穫逓増経済の時代へ

し、労働所得の分配率も低下し、資本所得の分配率は上昇していったのである。図8—7のように、クズネッツ曲線が逆U字型から反転したのは、このような規模に関して費用逓減（収穫逓増）の効果が発生したためであることが説明されるのである。

6　経済成長の余剰配分問題

以上で議論したように、経済成長の過程において、社会資本の貢献とその成果分配は重要な問題である。それ故に、生産活動における社会資本の貢献に応じた所得分配が考慮されなければならないのである。

いま、K_Sを、考慮されるべき社会資本量とする。ここで社会資本とは、社会的生産基盤（インフラストラクチュアと呼ばれる生産基盤だけではなく、国民の日常の生活を支える生活基盤などの企業の生産活動に直接貢献することが理解される社会資本と、自然環境・社会慣習・社会秩序・文化水準・教育環境・歴史的背景・政治制度などの間接的な社会資本とがある。

いま、マクロ生産関数を下記の（8・14）式のように考える。

$$Y=F(L,\ K,\ K_S) \qquad (8 \cdot 14)$$

ここで、Yは生産量、Lは労働投入量、Kは資本投入量、K_Sは社会資本量である。

いま、この生産関数は、労働投入量L、資本投入量K、社会資本量K_Sに関して一次同次の仮定が満たされると仮定すると、次の（8・15）式が成立する。

$$Y=F_L L+F_K K+F_{KS} K_S \qquad (8 \cdot 15)$$

企業の利潤極大条件を前提として、労働市場と資本市場が競争的であり、報酬率が決定されると仮定すると、次の2つの関係式（8・16）式と（8・17）式が成立する。

$$F_L = w = \frac{W}{P} \qquad (8 \cdot 16)$$

$$F_K = r = \frac{R}{P} \qquad (8 \cdot 17)$$

この関係から、社会資本への分配分は、次の（8・18）式のように計算することができるのである(14)。

$$F_{KS}K_S = Y - (wL + rK) \quad (8 \cdot 18)$$

6・1　経済外的要因としての社会資本の評価について

生産要素投入量と付加価値生産量との関係を説明する生産関数において、付加価値額の増加に貢献する経済的要素は、直接投入された労働量や資本量（稼働量）だけではなく、他の生産要素も経済的要因として考慮されなければならないのである。すなわち、社会資本としての社会的要因や政治的制度的要因等も考慮することが重要なのである。

このような問題意識は、企業の生産活動が国内経済内に留まる場合には、雇用や資本への報酬支払や法人税やその他の直接的・間接的な費用負担として社会に支払われていた経費が、企業が多国籍企業化して海外へ進出することによって、国内経済に対して支払われなくなったことから発生する新しい問題なのである。

このような経済にとって消えた受取額は、企業にとっては経費支払額の減少であり、海外の経済への削減された経費の支払額である。すなわち、海外に進出した企業の進出利益とは、国内に留まるときに必要な費用から、海外進出によって海外の経済に支払われるべき額との差であることが説明される。この利益の中には、国内経済が本来受け取るべき貢献額の支払いが残されているのである。

この額は、多国籍企業の生産活動から得られる利益の一部に対する貢献として経済が受け取るべき報酬であると言うことができるのである。企業が本来属する社会は、このような貢献度に対して支払われるべき額を、社会への報酬として受け取る権利を主張するべきなのである。これらの報酬を受け取ることによって、社会は存続できるのであり、社会資本の維持が可能となるのである(15)。

6・2 国際化の矛盾

国際間の資本移動によって発生した企業の生産拠点の移動（工場移転）に伴い、投資受け入れ国の労働力や自然資源、そして、文化や制度、システムは、資本進出した企業の利益目的に従った論理によって、フリーライダーとして利活用され続けてきたのである。資本受け入れ国にとっては、国内の労働力移動が活性化して、近代的産業の拡大と都市周辺部の人口流入によって、農業や伝統的産業の成長も促され、経済開発や経済発展が成功したかのような様相を示したために歓迎されてきたのである。

しかし、このような成果は、企業の受け入れが受け身の状態であり続ける限りにおいては、恒常的な経済的成果として実現する保証はなく、また、やがては開発途上国経済の自立を導くという保証もないのである。投資受け入れ国の開発利益は、その国の一部の資本と政府の利益には貢献するために、利益の誘導とつながりやすい。政府自身の自己防衛のための軍事や警察予算の拡大とともに、大量の軍事物資の輸入国となって国民経済を圧迫し、やがては国民を弾圧したりしながら、先進国経済に対しては大きな対外負債を抱えることになったりするような国も現れるのである(16)。

6・3　世界経済の国際化

国際貿易の拡大による世界経済の拡大は、個々の企業にとっては市場規模の拡大であり、価格競争の激化であった。戦後の世界経済における企業の海外移転と多国籍企業化が、当該企業の規模に関して収穫逓増・費用逓減効果を促進させたことが説明されるのである。

世界的な市場規模の拡大が生産規模の拡大を各企業にもたらし、その結果として、企業規模の大型化と利益の増加を導いたのである。このように国際貿易の拡大が市場規模の拡大をもたらしたことを評価するならば、これによってもたらされた企業の貿易利益の一部は、貿易制度の改革によってもたらされた報酬として、自国の経済に還元する方法が考慮されるべきことが求められるであろう。世界市場の拡大によってもたらされた、規模に関して収穫逓増・費用逓減産業増加という経済活動の成功は、社会資本の充実という個別経済の歴史的成果として評価されるべきであり、その報酬として国民経済に還元されるべきなのである。

このような経済の国際化という経済現象により、貿易収支や所得収支の増減だけでは、その国の経済のパフォーマンスを説明することができなくなってしまったのである。投資受け入れ国は、労働資源や自然資源を海外企業に利活用されることによって産業構造や経済構造が変化し、やがて社会構造までも変化していったのである。特に、労働力の部門間の移動は顕著であった。農業や伝統的産業から近代的産業や都市周辺部の伝統的産業への移動とともに、都市部門は拡大し、新しい所得格差問題が発生するようになったのである。

6・4　ピケティの課題

同時に、企業が海外へ進出することによって製造業が空洞化した先進工業諸国においては、利用されなくなった労働力とその他の資源が遊休化して、経済的格差を拡大し、社会的問題をも増加させてきているのである。ピケティの『21世紀の資本』とは、このような先進工業諸国の抱える問題を、所得格差と資産格差の面から分析した貢献として評価されるべきであり、問題点の解決策は、国際的な資本移動の問題と、国内経済の空洞化・虚業化の問題に対する解決策について考察されなければならないのである。

7　むすびにかえて

ピケティの『21世紀の資本』が抱える最初の問題は、経済活動への貢献（生産活動への貢献分析という意味での生産関数）と所得分配のあり方との関係についての経済理論的説明の欠如である。

第二の問題は、個人間の資産格差の原因として、資本報酬率ｒが経済成長率ｇよりも大きい「ｒ＞ｇ」問題を説明しているが、この問題は新古典派経済成長理論モデルにおいては、生産要素間の相対価格の調整問題であり、長期均衡経済成長経路への調整過程の問題として考えることができるものである。この議論を無視して、資本主義の本質的問題として「r＞g」を議論することに説得力はないと考えられる。例えば、「黄金律の成長経路」への誘導政策として、解決可能な政策問題として考察するべきである。

にもかかわらず、この「r＞g」の本質的な問題は、金融仲介の機能における報酬のあり方の問題である。経済活動に貢献する資本としての、例えば資本設備としての、生産過程における貢献分と金融システムの金融仲介機関としての経済活動への貢献分との著しいギャップが、実際の経済社会における正当な分配方法を不可能としていることもまた事実である。

このような金融システムの不備が、今日の経済格差を発生させる要因なのである。それは、現代の国内金融と国際金融のシステムとその決済システム自身に問題があるのであり、このような金融システムを利用して、経済への限界貢献度を越えて収益を獲得している機関や組織の存在が不当な利益を得ている、あるいは収奪していることに問題があるのである。

ピケティの第三の問題は、「資本主義の第一基本法則」としての「$\alpha = r \times \beta$」の意味についてである。実際の経済活動に貢献している資本量（稼働している資本設備に対する請求権）と遊休化している資本量（本来は経済活動に貢献していないにもかかわらず報酬を得る請求権）に対する報酬が、加算されて支払われているという問題である。

第四の問題は、ピケティの「クズネッツ批判」についてである。国際貿易と国際的な資本移動が著しく拡大した1970年代以降において、世界経済の市場規模が拡大したために、多国籍企業化した企業がこれまでの「規模に関して収穫逓減（費用逓増）経済」から「規模に関して収穫逓増（費用逓減）経済」へと移行したことから生じた所得分配と分配率の動向の変化なのである。

このような経済の様相の変化の過程は、クズネッツの分析以後の世界経済における経験であり、この説明力不足の責任をクズネッツに求めるのは筋違いである。世界はそれほどに大きく変化したのである(17)。企業の国際化、多国籍企業化や、資本家に対してピケティが求める「累進課税を世界的に実施する」ことをも困難にしているのである。

ピケティの「現代資本主義経済批判」は、各生産要素について、それらの要素の実際の経済活動における付加価値生産への貢献度とその報酬のあり方についての合理的説明が、今日の経済学において欠如していることが原因なのである。企業の収益から労働へ分配した後の残余を、すべて資本の貢献分として分配する今日の制度に問題があるのであり、このようなシステムを社会が無批判に受け入れてしまったことに、資産格差が発生した原因があるのである。これは経済学者のみならず、政治家や行政官、マスコミ、評論家の怠慢である。ピケティが議論するべき問題は、その原因を説明するための経済理論の提示であり、その理論に基づいた経済制度の改革案と政策であるはずである。

その改革案においては、技術進歩と同様に、社会資本が経済活動に貢献する分とその報酬の大きさとそのあり方についての根拠を説明すること、そして、その評価された報酬を社会に還元するための根拠を明示して、そのためのシステム、あるいは税制度を提案することが重要である。

【注】

(1) 米国社会の貧富の格差については、2011年9月に米ニューヨーク・ウォール街で始まった草の根デモである「オキュパイ」運動などが有名である。デモ参加者は、2008年以降の世界的な金融危機で各国政府が財政緊縮策を採る中で、「私たちは99%だ」(1%が富裕層である)というスローガンを掲げた。

(2) スティグリッツは、彼の著『99%を不幸にする経済』において、所得格差の拡大の原因は「市場の不完全性」にあると説明していることから、ピケティの理解とは異なっていることが興味深い。

(3) 世界的規模においてこのような政策を実施することは、政治的にも経済的にも困難であるのみならず、非現実的な提言であるだろう。

(4) ピケティを「現代のカール・マルクス」、あるいは「マルクス以上」と評価する人もある。マルクスは『資本論』を展開して資本家による搾取のない平等な社会をめざす「マルクス主義」の創始者であり、20世紀の社会主義革命の発端となった思想の提唱者である。結果としては、世界経済を混乱に陥れた思想家である。

(5) 生産活動においては、資本は生産活動に貢献する資本投入量(稼働量)との関係として定義されているのである。

(6) 社会の不平等をなくすために、富の再配分を主張する人々にとって、ピケティのこのような主張は「非常に好都合」な主張である。

(7) 失業の原因は、「雇用市場で仕事が見つからないのはその人が悪いからではなく、最初に寄贈財産がないから」であるというピケティの主張は誇張であるだろう。また、「敗者は低所得者ではなく、資本家ではない人を指すことになった」と説明するのも極端な議論である。
(8) ここで、「r＞g」の本質的な問題は、金融仲介の機能における報酬のあり方の問題である。
(9) この関係は、次の3・4節で説明する。
(10) この関係は、次の3・4節で説明する。
(11) この関係は、次の3・4節で説明する。
(12) 経済的要因は、社会的要因・宗教的要因・政治的要因等から独立ではないことを充分に考慮しなければならない。
(13) a＜0である場合は、規模に関して収穫逓減（費用逓増）を意味している。
(14) この関係は、技術進歩による残余への配分と同様に考えることができる。
(15) このような議論は、宇沢弘文の「社会資本の問題」として議論されてきたのである。
(16) 中には、国内の権力維持のために、本来敵ではない隣人を仮想敵国とみなす習性を身につけて、防衛のための武器を先進国から輸入することによって、経済開発の利益を浪費するような国も現れることになった。先進国は武器輸出によって貿易収支のバランスを保つという、矛盾した国際関係を結ぶ場合も現れたのである。
(17) 当時の経済学者の常識においては、想像もできないような別の意思によって、それほどに大きく変化させられたのかもしれないのである。

おわりに
——モノ作りについて——

インドネシアでのモノつくり4・0

平成30年7月、インドネシアのバンコク市内の工業省内で開催されたシンポジウムに参加した。「インドネシア・モノ作り4・0」がテーマであった。インドネシア工業省が、昨年、タイ王国の自動車生産量を越えたことを記念して、今後、インドネシアは自動車生産量を増加させて工業化の道を進むという政策の表明であり、そのための施策を議論するというものであった。

私もパネラーの1人として発言した。私の発言の趣旨は、インドネシアの国内物流と海外物流の大事さを説明したものである。雇用の側面からはトラック輸送が雇用効果があるように見えるが、インドネシアの今日の交通渋滞の様子を見れば、鉄道輸送の方がより効率的であることは一目瞭然であるのである。できれば顧客を運ぶための新幹線開発よりは、高速鉄道輸送を実現すべきであると説明した。この高速鉄道輸送は、企業にとっても企業間の輸送費用を低下させ、社会にとっては環境の側面からも、工業部門の輸送費用の低下や迅速化のための重要な政策となりうるものであることを説明した。

また、国際物流については、当然のように国際港湾の開発とジャカルタ港のハブ港としての機能強化の促進である。そのためには工業団地と港湾とを結ぶ輸送道路と、鉄道物流のための路線開発が重要である。

以上の説明に対して、政府関係者とフロアーからの反応はイマイチであった。パネルディスカッション終了の後、インドネシアの金融関係者数人と日系企業の関係者が私の発表について詳細を知りたいと情報提供を申し込んでこられた。

実は、1年前の平成29年10月20日にＪＥＴＲＯ（日本貿易振興機構）の主催において、福岡市内で「２０１７年度ジェトロ地域間交流支援（ＲＩＴ）事業における第２回研究会」が開催されたおり、私に与えられたテーマは「インドネシアにおける日本の自動車部品企業の成長の将来展望について」であった。

私は「ものつくりの基本」は、その社会の子供たちのモノに対する関心とモノ造りに対する興味が十分にあること、そして、遊びから得られる知識が重要であること、そして、一般庶民のモノに対する関心と生活態度の改善が重要であることを説いたのである。しかし、インドネシア政府関係者に若干煙たがられていたようであった。

彼らが欲しいものは、日本からの企業進出と技術移転の促進なのである。これによって、自動車産業の裾野が広がり、インドネシア人の雇用が増加し、所得の増加が見込まれるからなのである。

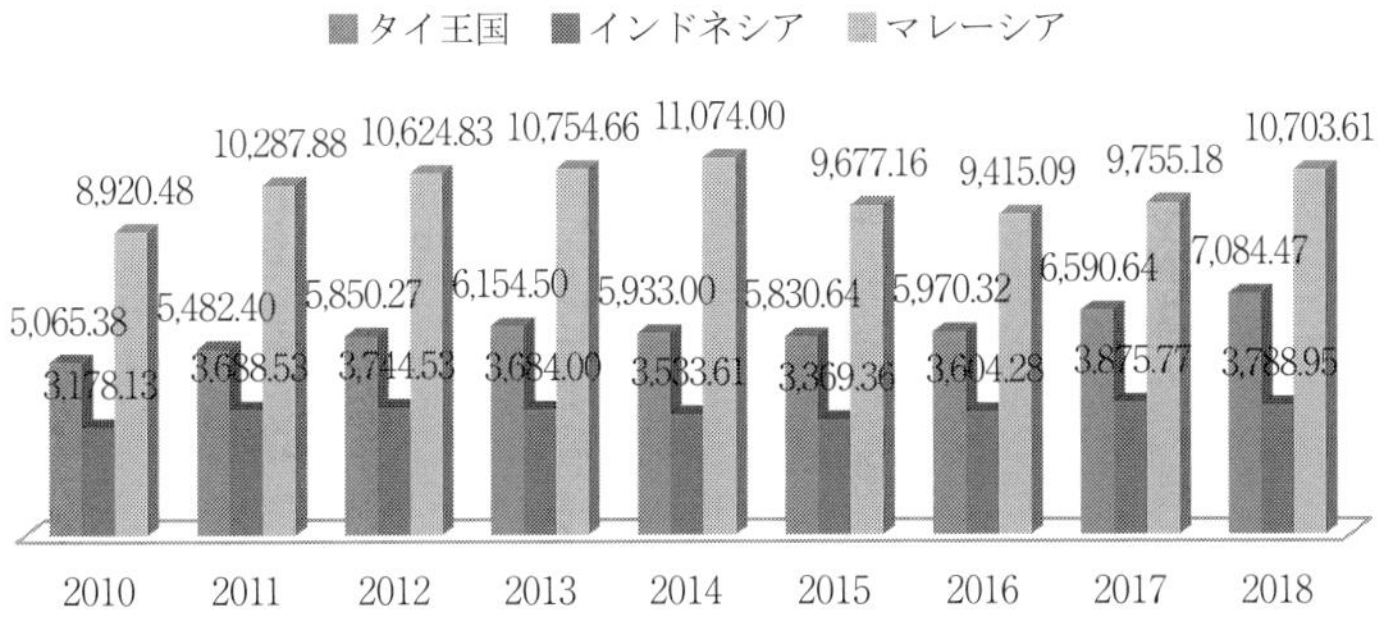

図　１人当たりのGDP

出所：グローバルノート―国際統計・国別統計専門サイト統計データ配信。

上記の図は、タイ王国とマレーシアとインドネシアの２０１０年〜２０１８年の１人当たりのＧＤＰを表したものである。マレーシア国は２０１４年まで成長したものの、２０１５年から２０１６年にかけて停滞している。インドネシアも同様に２０１５年から２０１６年には若干停滞している。

インドネシアの産業は、戦後の繊維産業から二輪車、そして四輪自動車へと製造業の近代化が進み、四輪車の製造が年間１００万台を越えた今、自動車生産量を追い越すようになったのである。

しかし、インドネシアの悩みは、製造業のウェイトがピークの２０００年度の28・8％から、２０１６年には20・51％に低下していることである。ここで、モノづくりとしての製造業のウェイトを回復するためには、自動車産業を中心とした日本からの投資がインドネシア政府の目的なのである。そのためには、日系企業のこれまで以上のインドネシアへの誘致と、その手段としてのインダストリー４・０への政策の摺り合わせが必要と考えての福岡市内とジャカルタ市内でのシンポジウムの開催だったのである。

モノづくりの本質とは

ジャカルタ市内で開催されたシンポジウムの翌日、市内の大学で簡単なセミナーが開催された。ここで、モノづくりについて質問されたので、目の前の小皿を手にして説明した。この皿は日本だと1枚200円～300円程度だろう、しかし、よく見るとピンホールがあるから100円はしない皿である。このようにモノづくりには、品質が問われるのであると説明した。一同首をかしげて、その皿を手にしながら、たいした傷ではないのになぜ価格が半分以下に下がるのかわからないという質問であった。この皿は、購入者にとっては毎日使用する日常雑貨である。使うたびにこのピンホールによる品質が気になるならば、このピンホールはこの小皿の価値を1日1円低下させているかもしれない。1年間、毎日使用するならば、365円も評価を低下させるのである。「それを100円で買わされるとは高すぎるでしょう。なぜならば、1年間にさらに365円の負担になるからです」と答えた。「モノづくりの前にモノの価値を理解しなければ、モノづくりの大事さがわからない」と言うつもりの説明であったのだが、そのような方向に理解が進んだのかはわからない勉強会になってしまった。

《著者紹介》

大矢野栄次（おおやの・えいじ）

経　　歴

1950 年　愛媛県生まれ。
1974 年　中央大学経済学部卒業。
1982 年　東京大学大学院経済学研究科博士課程単位取得退学。
1982 年　佐賀大学経済学部講師，助教授を経て，
1994 年　久留米大学経済学部教授，現在に至る。博士（経済学）

［主要著書］

『経済政策の考え方』（単著）中央経済社，2004 年。
『貿易資本と自由貿易』（単著）同文舘出版，2008 年。
『マニフェストから学ぶ経済学』（単著）創成社，2010 年。
『消費税 10%上げてはいけない！』（単著）創成社，2011 年。
『東日本大震災からの復興戦略』（単著）創成社，2012 年。
『日本経済再生のための戦略』（単著）創成社，2013 年。
『アベノミクスと地方創生』（単著）創成社，2016 年。

（検印省略）

2019 年 3 月 20 日　初版発行　　略称—経済政策

経済政策の考え方
—資本主義の限界を超えて—

著　者　大矢野栄次
発行者　塚 田 尚 寛

発行所　東京都文京区春日2-13-1　株式会社 **創 成 社**
電　話　03（3868）3867　　ＦＡＸ　03（5802）6802
出版部　03（3868）3857　　ＦＡＸ　03（5802）6801
http://www.books-sosei.com　振　替　00150-9-191261

定価はカバーに表示してあります。

ISBN978-4-7944-3196-7 C3036
Printed in Japan

組版：緑舎　　印刷：亜細亜印刷
製本：宮製本所
落丁・乱丁本はお取り替えいたします。